DU MÊME AUTEUR

Documents

Vous pouvez sortir de votre corps, Presses du Châtelet.
(Traduit en roumain et italien.)

Messages de l'après-vie, L'Age du Verseau/Belfond.

Retrouvez vous-même vos vies antérieures, Trajectoire.
(Traduit en roumain et espagnol.)

Le Jeu des Vies antérieures, France Jeux Production.
(Avec Marc KUCHARZ)

Comment sortir de son corps, Presses Pocket.

Anti-Suicide, (avec V. Péchin), La Table Ronde.

Romans

Jésus de Manhattan, La Table Ronde.

L'homme de feu, (avec J.G. Imbar), Carrère.

Continent Chagrin, Hallier/Albin Michel.

La vie est ici, Éditions Mots d'Homme.

Chouans, Calmann-Lévy.

*
* *

Bernard RAQUIN organise des séminaires de développement personnel.

R*enseignements* :

Bernard RAQUIN, B.P. 168. 75224 Paris Cedex 05

© Éditions TRAJECTOIRE

6, rue Régis – 75006 Paris – 1998
Tél. : 01 42 84 39 57 – Fax : 01 42 84 39 67

Imprimé en France

I.S.B.N. : 2-84197-089-2

BERNARD RAQUIN

RETROUVEZ VOUS-MÊME

Vos vies Antérieures

Éditions
TRAJECTOIRE

Table des matières

Introduction 5

Chapitre I
Le grand secret 9

Chapitre II
Quelques questions que l'on se pose 19

Chapitre III
Comment s'y prendre 49

Chapitre IV
Atouts et dons 101

Chapitre V
Réparer son karma 129

Chapitre VI
À la rencontre des guides 155

Chapitre VII
Les sept épreuves et les sept grâces 179
Pourquoi pas ? 190

Impression : EUROPE MEDIA DUPLICATION S.A.
F 53110 Lassay-les-Châteaux
N° 6014 - Dépôt légal : Novembre 1998

L'âme fut ballottée à des vitesses prodigieuses, évitant les pluies de météorites, les supernovas, les trous noirs. Durant des millions d'années, ce furent des étoiles en fusion, qui explosaient dans un feu d'artifice galactique. Dieu nous mit-il à l'épreuve, condamnant ses étincelles à s'éduquer à travers la matière ? Je laisserai la réponse à Dieu lui-même, quand sera venu le moment de se présenter à lui. L'homme est loin d'être achevé. Il hésite encore entre le monstrueux et le sacré. Il erra longtemps dans les suppliques de l'enfer, les combats de titans, se faufilant entre les dinosaures et les mammouths. En ce temps-là, des grosses bêtes dressaient leur petite tête vers la lune, en grognant des onomatopées, ou bien c'étaient des choses informes, lançant un œil glauque au-dessus des marécages boueux. À peine se dressaient-elles que des chauve-souris géantes les croquaient. Peu à peu, l'humain émergea, arrachant une parcelle de conscience à la pierre et au minéral. Déjà, la promesse de l'intelligence l'habitait. Oui, nous avions bel et bien perdu le paradis. Notre âme a été projetée loin du noyau divin. Dieu voulait-il que nous restions à sa périphérie ? Sommes-nous exilés dans la prison de la matière, sans pouvoir prétendre à la transcendance ? Lorsque nous vivions dans le monde aquatique, nous chantions avec les baleines, jouions avec les dauphins, dévorions avec les squales. Ce poisson est toujours en nous. On l'appelle l'inconscient. Il conserve la part d'ombre, où s'élabore l'alchimie de l'identité. Et la part de lumière, qui ricoche à la surface en traits de lumière. Mais cet inconscient karmique est si mal maîtrisé qu'aujourd'hui l'homme n'a peur que de l'homme…

En retrouvant vos vies antérieures, vous allez entrouvrir la porte de l'autre. Votre multitude intérieure, vos richesses insoupçonnées s'épanouiront. Vous découvrirez peut-être que nous sommes une même personne, en perpétuelle évolution… Vous atteindrez l'éternité. Après tout, pourquoi ne deviendrions-nous pas des anges, à la fin des temps ?

Introduction

BIENVENUE parmi les chercheurs d'éternité… ceux qui souhaitent embellir leur existence, trouver leur propre vérité, s'améliorer… Aimeriez-vous savoir pourquoi vous êtes sur terre ?

Dans quelques heures, vous allez inaugurer une série d'expériences fascinantes. Vous allez découvrir un secret qui fut, pendant des millénaires, réservé à quelques sages. Ceux-ci dissimulaient leur savoir, s'abritaient derrière les « mystères », s'exprimaient en langage hermétique ; ils estimaient que tous n'avaient pas droit à l'initiation…

Le XXIe siècle, c'est le temps du partage, de la transparence. Aujourd'hui, la connaissance appartient à qui la désire. Cette connaissance de vous-même est à votre portée. S'initier, c'est bien. S'initier à soi-même, n'est-ce pas mieux ?

Retrouver « ceux que vous avez été », dans un passé proche ou lointain, vous fournira l'explication de votre comportement, la raison de vos désirs ; et surtout, vous deviendrez capable de surmonter de nombreuses difficultés. La recherche des vies antérieures a un effet thérapeutique. Connaître le passé soigne le présent !

Vous découvrirez en vous l'Homme éternel. Vous ferez plus ample connaissance avec votre âme, et il vous sera possible d'accéder à ce que les psychologues appellent le Soi : une source d'énergie inépuisable, à votre service.

Précisons tout de suite qu'il n'est pas nécessaire de « croire aux vies antérieures » pour expérimenter ce voyage dans la mémoire du monde. Il suffit d'essayer. Les moyens d'y parvenir vous sont indiqués dans ce livre.

Quelques milliers de personnes ont déjà vécu cette aventure dans les profondeurs du temps. Cela leur a permis de comprendre leurs motivations, de découvrir des aspects inattendus d'elles-mêmes, mais aussi de développer leur potentiel... aujourd'hui !

Cet ouvrage ne se veut pas une réflexion sur la théorie de la réincarnation. Essentiellement pratique, il se propose de vous aider à retrouver votre passé, seul ou avec une personne de confiance. Chez vous. Tranquillement. Comme on se familiarise avec une nouvelle amie : votre identité à travers les âges.

Qui a vécu plusieurs fois croit à l'âme, donc en Dieu. Mais Dieu vous appartient, ou pas. Si certaines de mes opinions vous choquent, n'hésitez pas à les rejeter. Ce que vous savez l'emporte sur ce que vous apprenez dans les livres.

Pour les lecteurs désireux d'approfondir leurs connaissances théoriques, des notes renverront à divers ouvrages, où l'on trouvera les recherches et les preuves disponibles à ce jour. Les questions les plus fréquentes obtiendront une réponse dans ces pages : Comment est-on sûr qu'il s'agit bien de vies antérieures, et non de fantaisies ? Pourquoi, d'ordinaire, ne s'en souvient-on pas ? Ces remontées sont-elles sans danger ? Quels en sont les effets thérapeutiques ? Peut-on en espérer de plus grandes capacités, des améliorations, sur le plan de la vie affective, sociale, professionnelle ? Cela favorise-t-il l'évolution spirituelle ?

Celui qui suit les techniques que je révèle est assuré de voir sa vie se transformer positivement. Vous allez découvrir un univers captivant, vivre des scènes historiques, explorer l'infini de la mémoire, et peut-être devenir meilleur... envers vous-même et les autres.

Jean Le Poulain était la réincarnation d'un aviateur mort lors de la Première Guerre mondiale... Napoléon Bonaparte pensait avoir vécu dans la peau de Charlemagne... Yoko Ono avait connu John Lennon dans une vie antérieure... Shirley MacLaine était danseuse en Égypte, et tenancière de salon lors de la ruée vers l'or... Sylvester Stallone a été guillotiné durant la Révolution française...

Et vous ?

CHAPITRE I

Le Grand Secret

LA VÉRITÉ SORT DE LA BOUCHE...

« *TU sais, maman, ce n'était vraiment pas drôle, avant... Non, pas avec papa et toi... avec mes autres parents, quand j'étais obligée de porter une étoile jaune sur mon manteau...* » Anne, la petite fille qui vient de parler, est âgée de quatre ans. Sa mère, Chantal, interloquée, ne sait quoi répondre. Elle-même est catholique, née bien après la fin de la Seconde Guerre. D'où est venue cette idée saugrenue dans l'esprit de la gamine ?

« *J'étais tellement mieux en Italie* », dit Cyril, âgé de huit ans. Il n'y a jamais mis les pieds, mais l'Italie, depuis trois ans, revient fréquemment dans ses conversations : il aimerait y vivre, les gens y sont gentils, le pays est très beau, etc. Plus tard, il souhaite s'y établir.

Anne et Cyril n'ont rien d'extraordinaire. Simplement, ils vivent dans des familles qui les laissent s'exprimer. Il vous est facile de trouver d'autres exemples. Il suffit d'écouter les enfants, entre trois et huit/neuf ans. Bien souvent, la mémoire de leurs vies précédentes est encore vive, et des réminiscences leur viennent aux lèvres.

Pourquoi ne se souvient-on pas des vies passées ? Les réincarnationnistes estiment que l'homme doit revenir sur terre aussi souvent que nécessaire, afin de parfaire son âme. Il semble évident que la plupart des humains ne peuvent accéder directement aux plans supérieurs (appelés en général « paradis ») ; ils risqueraient d'y apporter trop de mesquineries. Cependant, si l'on veut développer le meilleur de soi-même, n'est-il pas indispensable de connaître nos anciens actes, ou les perturbations subies ?

Ce processus fonctionne d'une manière très proche de celui de l'inconscient. Depuis Freud et Jung, les pères de la psychanalyse, d'innombrables personnes qui ne « croyaient » pas aux traumatismes du passé, ont découvert que des émotions oubliées les avaient profondément marquées, sans qu'elles s'en souviennent. On sait désormais que tout est gravé dans la mémoire. Rien, sur terre, ne saurait s'oublier...

L'homme croit se protéger en effaçant. Mais les traumatismes sont simplement refoulés. Ils surgissent dans la vie quotidienne sous forme d'actes incohérents ou dangereux, de comportements d'échec, de complexes, de lapsus, de sentiment d'incapacité, de besoin de détruire le bonheur si chèrement acquis, sur un coup de tête.

Pourquoi Alain, qui a tout pour être heureux, une maison, une femme amoureuse, des enfants en bonne santé, s'acharne-t-il à traiter ses collègues et ses supérieurs d'incapables, jusqu'à être licencié... pour la troisième fois ? Pourquoi Grégory vit-il chez sa mère à vingt-huit ans ? Pourquoi Christine, qui rêve du grand amour, choisit-elle toujours des hommes mariés, ce qui la fait souffrir ? Pourquoi Dominique se contente-t-elle d'un poste médiocre et mal payé, alors qu'elle sait, en son for intérieur, qu'elle pourrait prétendre à davantage de responsabilités ?

La réponse se trouve en soi. Pour l'instant, vos vies antérieures dorment, comme des souvenirs non réactivés. Peut-être une certaine appréhension vous fait-elle hésiter ? Et s'il y avait quelque chose à craindre ? Pas davantage que dans la vie quotidienne… On peut certes vivre en deçà de soi-même, ne rien apprendre, supporter le pire sans réagir… ou opter pour le changement, l'amélioration. On peut regretter ses conditions matérielles, le manque de chance, s'enfermer dans sa chambre en attendant que s'écoule la vie, au loin… ou s'ouvrir, s'appuyer sur ses handicaps. Comme le disait Proust, la vraie découverte ne consiste pas à chercher de nouveaux paysages, mais à changer de regard.

Il existe dans le psychisme un mécanisme de protection, qui évite les révélations trop brutales. Les prises de conscience se font progressivement, comme les vies antérieures se révèlent peu à peu. Certaines sont chargées d'une telle émotion, les détails sont si vrais, évidents, qu'elles n'ont rien à voir avec l'imaginaire. D'autres sont tellement enchanteresses qu'il est important de savoir ce que l'on va en rapporter, pour profiter du présent.

Un exemple valant mieux qu'un bon discours, commençons tout de suite notre étude.

Aurélie,
première partie

Aurélie, trente-deux ans, est de celles à qui la vie sourit. Heureusement mariée, mère de trois enfants, elle souffre pourtant d'un grand manque de confiance. Elle n'ose pas chercher du travail, se méfie des nouvelles relations. Elle ne peut s'empêcher de soupçonner son mari de vouloir la quitter. Cette idée lui semble absurde, mais quand elle rentre après lui, elle s'attend à retrouver les enfants seuls.

Lorsqu'elle ouvre une lettre de ses parents, pendant une fraction de seconde, elle appréhende de lire des reproches. Quand elle n'a pas de nouvelles de ses amis pendant une semaine, elle se demande s'ils ne se sont pas lassés. Elle se trouve inintéressante, et, bien qu'ayant beaucoup de choses à dire, ne lance jamais de sujets de conversation.

En société, elle est plutôt effacée. Chaque fois qu'elle doit recevoir des collègues de son mari ou des amis, elle se confine dans le rôle de l'épouse qui écoute sagement, sans émettre son point de vue. Elle craint qu'en s'opposant à un homme celui-ci n'entre dans de terribles colères. Elle se sent toujours un peu fautive, mal à l'aise. Avec les femmes, elle s'oblige à refréner une agressivité permanente. Elle est persuadée qu'elles lui en veulent, à l'exception des vieilles dames, qui la protègent et dont elle recherche la compagnie. La jeunesse lui semble futile et dangereuse. Elle ne peut s'empêcher de prévenir ses enfants contre tous les risques qui les menacent.

Son enfance s'est déroulée sans problème majeur. Son père, homme doux et tranquille, ne lui a donné que de rares fessées. Sa mère l'a giflée une seule fois.

Ses contes préférés étaient La Petite Marchande d'allumettes, Cendrillon, Le Petit Poucet. Elle craignait déjà que son père ne rentre pas. À l'âge de neuf ans, elle avait entendu parler de ces maris exemplaires qui « descendent acheter des cigarettes et ne reviennent jamais chez eux... ».

Sur le plan spirituel, elle se déclare athée, même si, devant des paysages de montagne ou un ciel étoilé, elle pense que seul Dieu a pu créer tant de splendeur. Jésus lui semble très sympathique, mais elle estime qu'aucun être humain ne peut devenir réellement chrétien, tant il est difficile d'aimer son prochain. De plus, il est impossible de s'aimer soi-même, ce serait de la prétention. Ses parents l'ont mise en garde contre les gens qui se prennent pour ce qu'ils ne sont pas. Une des formules favorites de son père, quand l'une de leurs connaissances rencontrait des difficultés, était : « Mieux vaut être grand chez soi que petit chez les autres. » Il n'avait jamais cherché à obtenir une promotion dans la petite entreprise qui l'employait, et n'en avait jamais obtenu.

Aurélie est une personne intuitive, qui se souvient de ses rêves deux ou trois fois par mois. Elle a tenté diverses formes de thérapie, sans aller jusqu'au bout. Dès qu'elle progresse, quand vient le moment de livrer les étranges pensées qui l'assaillent, elle s'enfuit. Elle prétexte que le thérapeute ne s'intéresse pas à elle, qu'il doit s'ennuyer à mourir. Elle en arrive à le mépriser secrètement, et s'en veut de son esprit négatif.

En bref, elle tourne en rond depuis cinq ans. Ses perspectives semblent bouchées. Elle vit dans l'attente d'un malheur qui justifiera ses craintes : son mari mourra dans un accident de la route, ou bien ses gosses attraperont une maladie rare et impitoyable, ou encore elle sera victime de la sclérose en plaques.

Elle ne croyait pas à la possibilité de retrouver des souvenirs de la petite enfance, et encore moins du ventre maternel – nous verrons plus loin comment expérimenter cette « traversée du ventre ». La sienne a duré deux séances. Cela a suffi pour lui faire oublier toute appréhension. Ayant pu revivre des émotions longtemps enfouies, elle a découvert avec stupéfaction qu'elle était une enfant très désirée. Elle s'est souvenue avec précision de la main de son père lui caressant la tête à travers le ventre de sa femme. Cette sensation l'a emplie de chaleur et de reconnaissance. Le soir même, elle a téléphoné à ses parents pour leur dire combien elle les aimait.

Dès le début de la troisième séance, elle bascule dans une vie antérieure. Elle a appris à contrôler ce qu'elle ressentait, à ne pas laisser sa vie quotidienne interférer avec ce que j'appelle la rétro-progression (le fait de revenir en arrière pour mieux repartir de l'avant). L'hémisphère droit de son cerveau explore le passé, l'hémisphère gauche se contente d'enregistrer les informations sans les censurer.

Les stores de mon cabinet sont à demi baissés. Une faible lumière provient de la fenêtre, pour permettre la prise de notes. Aurélie s'allonge sur le canapé, dans la pénombre. Elle ferme les yeux. Il n'y a aucun bruit. Le répondeur est branché. Je prononce les paroles propices à la relaxation (on trouvera plusieurs textes adaptés à différentes circonstances).

Son corps commence à peser, ses muscles se détendent, son esprit se libère. Elle abandonne les soucis du jour, abaisse les barrières mentales qui la bloquent. Ses sensations s'ouvrent, elle découvre qu'entre chaque partie de son corps et son esprit s'établissent de mystérieuses correspondances, des connivences. Elle s'appartient ; sa peau, son sang, son souffle, ses membres fonctionnent en harmonie.

La respiration d'Aurélie est maintenant faible et régulière. Quelques secondes plus tard, elle plonge dans cet état que connaissent les moines lorsqu'ils méditent, un état entre le sommeil et le rêve, appelé le stade sophro-liminal.

Sa voix est lente, comme alourdie d'un ancien sommeil : *« Je suis ailleurs… Un endroit que je ne connais pas. Pourtant, je ne suis pas inquiète. Je me sens bien, merveilleusement bien. Je flotte dans un vaste… espace, très clair. Je sais qu'on m'aime. C'est un amour complet, qui m'enveloppe. Jamais je ne me suis sentie autant aimée. Mon Dieu ! J'ai l'impression qu'il existe vraiment. On me demande quelque chose. Je ne veux pas revenir à cet endroit, mais je sais qu'il le faut. C'est mon intérêt. Même si je vais connaître des moments pénibles, je n'ai pas le choix. Je suis obligée de sortir de cette grande lumière. Je descends sur terre. J'ai mal, je ne veux pas y retourner. Trop tard. J'entends quelqu'un, à l'intérieur de moi-même. Il me demande si je pense avoir terminé mon éducation. Je réponds que je ne suis pas prête, j'ai encore trop de problèmes, je ne veux pas souiller l'autre plan. »*

Elle répète la phrase d'un ton étonné :

« Trop de problèmes, ne pas souiller l'autre plan… Me voilà sur terre.

– Où ?

– Un endroit familier. C'est ici que j'habite. Un petit village, avec son clocher. Autour, c'est la campagne, très verte. Beaucoup d'arbres. C'est en Normandie, beaucoup de pommiers. Je suis dans un arbre. Je cueille des pommes. Je suis une femme. Une jeune fille. Seize ou dix-sept ans.

– Regardez autour de vous.

– Nous sommes une vingtaine de femmes dans le verger. Trois petits garçons et deux vieillards. Mal habillés. Des vêtements marron et gris, usés. Une charrette se trouve sur le chemin de terre. Au pied des arbres il y a des hottes en osier et en bois. Je suis à califourchon sur une grosse branche et lance les pommes à une fille qui les attrape au vol. Nous ne rions pas. L'ambiance est triste. J'ai peur... »

Lorsque survient la peur, il est important de ne pas l'éviter. Vous apprendrez comment l'affronter. Pour dépasser cette sensation dans le présent, le plus efficace est de la revivre dans l'enfance et les vies passées.

J'explique à Aurélie comment faire face à cette émotion négative, pour lui permettre de rester dans le passé. Elle retrouve l'état sophro-liminal et continue : « *J'aperçois une maison... une cabane plutôt, au toit de chaume. À l'entrée du village. C'est là que nous vivons. Ma mère est morte voilà trois ans, en accouchant. Nous sommes quatre enfants. Mon père est parti, je suis inquiète. Soudain...* »

Une minute s'écoule dans un profond silence. Elle reprend, d'une voix altérée : « *Non, j'ai dû me tromper. Les autres ne semblent pas avoir remarqué quoi que ce soit. Je guette. Le cheval attaché à la charrette hennit. Un vieillard s'approche pour le calmer. J'entends des bruits... Non. Je ne suis pas prête. Je dois revenir au présent...* »

Lorsqu'une vie antérieure est chargée d'une émotion très forte, vous la découvrirez progressivement. Il est hors de question de la laisser jaillir avant d'être bien préparé.

« Rapportez quelque chose de cette vie passée, dis-je.
– *Je ne veux rien.*
– Avez-vous appris quelque chose ?
– *On m'aime.* »

Je lui demande de rester quelques minutes allongée sans ouvrir les yeux, de prendre conscience de l'endroit où elle se trouve. Puis de se relever lentement et de venir s'asseoir. Elle commente ce qu'elle ressent. La surprise de constater combien elle se savait réelle dans la peau de cette adolescente. Combien les odeurs étaient vraies, celles des pommes, des branches, du fumier. Elle avait la certitude de connaître les femmes qui l'entouraient, aussi bien que des amies d'enfance.

« *Je commence à comprendre,* dit-elle, *en quoi cette recherche est thérapeutique. Ça me fait tout drôle de découvrir que l'on m'aime. Au fond, c'est mon problème principal. Si j'étais sûre que les gens ne vont pas me prendre pour une idiote, qu'ils m'apprécient comme je suis, il serait plus facile de me mettre en avant.* »

Deux mois plus tard, elle demandera à sa mère des explications sur les sensations revécues. Sa mère finira par avouer la vérité : son père n'était pas son géniteur. Elle ne l'en aima que plus. Et les deux femmes, qui s'entendaient mal, s'apprécieront enfin. Nous y reviendrons.

Dans ce domaine délicat qui touche à la thérapie, il n'est pas question, on s'en doute, de se livrer à des fantaisies. Une méthode rigoureuse, longuement expérimentée, est indispensable. Cette méthode – ou plutôt ces méthodes, car j'indique de nombreuses variantes – a été testée avec succès depuis dix ans. Une partie dérive de techniques de relaxation, du yoga, de la psychanalyse. L'essentiel provient de mes recherches. *Si vous l'appliquez correctement, j'en garantis l'efficacité.*

Avant de revenir aux moyens de se protéger, aux bénéfices que l'on peut rapporter des rétro-progressions, nous allons étudier les questions les plus fréquentes.

Faut-il « croire » aux vies antérieures pour les découvrir ? Est-il nécessaire de croire en Dieu ? Est-ce sans danger ? Avons-nous été homme ou femme ? De quelle race ? Comment décide-t-on de revenir sur terre ? Est-il possible d'entreprendre cette recherche sans l'aide d'un spécialiste ? N'est-ce pas simplement l'imagination qui provoque ces images ? S'agit-il d'une sorte de rêve éveillé, de fantasmes ? La vie présente est-elle vraiment modifiée par cette exploration ? Que peut-on en rapporter sur le plan spirituel, affectif ? Certains problèmes actuels trouvent-ils leur origine – et leur solution – dans le passé ?

En allant à la rencontre de « ceux que nous étions », un puissant sentiment de paix envahit l'esprit. L'âme se sait alors immortelle, et les problèmes courants sont remis à leur juste place.

Tout handicap est une chance méconnue.
Tout handicap est une chance que j'ignore.

C'est ce que nous allons maintenant découvrir.

CHAPITRE II

Quelques questions que l'on se pose

« Je ne dis pas que c'est possible,
je dis seulement que c'est vrai. »
Pr Richelet, Prix Nobel de médecine

LA FOI

CROIRE, ou expérimenter ? L'être humain n'est vraiment persuadé d'une réalité que s'il l'a vécue ou observée lui-même. Saint Thomas est un type psychologique très répandu. Mais celui qui a *rencontré* Jésus ou Dieu n'a pas besoin de preuves, pas plus qu'il n'a besoin de preuves pour se convaincre que son voisin de palier est bien vivant.

On sait que nous sommes composés de particules, d'atomes. En général, nous n'y pensons pas. Nous croyons les savants qui nous l'affirment. Nous ne pouvons l'expérimenter nous-mêmes. Cependant, pour la réincarnation, on demande des preuves ! Eh bien, chacun pourra désormais les trouver lui-même.

Sous ses différentes formes, la « religion » réincarnationniste est la première du monde, de très loin. Un quart des Occidentaux, d'après les sondages, y adhère, comme bien des taoïstes chinois, des shintoïstes japonais, la majorité des Africains, et, bien sûr, plus d'un milliard de bouddhistes et d'hindouistes. Ces personnes pensent avoir vécu avant cette vie, et les défunts reviennent sous une forme ou une autre.

Au cours de l'Histoire (1), la plupart des peuples ont cru, à un moment ou à un autre, à la réincarnation : Grecs, Égyptiens, Indiens d'Amérique, Celtes, Gaulois, Esquimaux, et, bien sûr, les peuples chrétiens, musulmans ou juifs. On trouve de nombreuses références à la réincarnation chez les Juifs. Pharisiens et Esséniens croyaient que les âmes s'incarnaient, et passaient d'un corps à l'autre. Un des livres du Zohar, *le Livre des Transmigrations des Âmes,* indique que « les âmes doivent développer toutes les perfections dont elles portent le germe en elles ; si elles n'ont pas rempli cette condition au cours d'une vie, elles doivent en recommencer une deuxième, une troisième, et ainsi de suite, jusqu'à ce qu'elles aient atteint à cette condition qui leur permet de retourner s'unir à Dieu ».

(1) On lira avec profit *Le Livre de la Réincarnation*, Éditions de Fanval. Également, *La Voie du hassidisme*, d'Arnold Mandel, Calmann-Lévy ; *Le Messianisme juif*, de Gershom Scholem, Calmann-Lévy, *La Vie quotidienne des cathares du Languedoc* au XIIIe siècle, de René Nelli, Hachette. *L'Enseignement du Bouddha*, de Kosaido Printing, Tokyo. *La Vie à la lumière du bouddhisme*, de Daisâku Ikeda, Le Rocher.

Dans l'Évangile, l'exemple le plus frappant est Jésus déclarant que Jean-Baptiste était la réincarnation du prophète Élie, et que lui-même existait avant Abraham.

Jules César s'étonnait que, chez les Gaulois, on puisse rembourser un prêt d'argent dans la vie suivante... Cette pratique fut également en usage chez les Cathares, et l'est toujours au Tibet.

Dans le Coran, il est dit : « Et vous étiez morts, et Il vous ramena à la vie. Et Il vous fera mourir, et vous rendra à la vie, et à la fin, Il vous réunira en Lui. » On trouve aussi : « Comme la pluie transforme la terre sèche en vert pâturage, de la même façon Dieu rend la vie aux morts pour que tu puisses apprendre. » Ismaïliens, Chiites, Soufis, ont professé la foi en la réincarnation, de façon secrète, ou allégorique.

Et combien d'hommes ordinaires ont conservé cette croyance à travers les siècles ? Cependant, comme promis, je ne désire pas vous noyer de citations. Je pourrais sans effort citer mille pages de textes, des centaines de noms illustres. À quoi bon ? Que l'on sache que cette idée est partagée depuis toujours, suffit. J'ai moi-même toujours été persuadé d'avoir déjà connu différents passages sur terre (1). Il m'arrivait, comme à vous peut-être, de retrouver des noms, des situations et des paysages familiers. Je me souvenais d'événements qui ne s'étaient jamais produits dans mon existence actuelle.

Aujourd'hui, je ne dirais pas : « je crois » aux vies antérieures, mais « je sais ». Comme je sais qu'il existe des milliards d'étoiles, je sais qu'il existe plusieurs vies.

---

(1) *Jésus de Manhattan* raconte la réincarnation de Jésus et des apôtres, au XXe siècle. On trouve de nombreuses références au monde astral dans *Continent Chagrin*, et la quête de l'éternité dans *La vie est ici.*

Lorsque l'on a vécu ces expériences fascinantes, des modifications interviennent dans la façon de penser. Les relations avec soi-même et avec les autres deviennent plus harmonieuses, plus agréables. On atténue la sévérité de ses jugements, on devient plus souvent serein.

Cependant, ce n'est pas parce que deux ou trois milliards d'humains croient quelque chose que cette chose est vraie. Mieux vaut vérifier par soi-même...

L'Imagination

Comme il est indispensable d'être sceptique, vous pouvez, au début, considérer que les scènes que vous revivez représentent les symboles des différents aspects de vous-même : vos grandes tendances, vos préoccupations secrètes, votre potentiel inexploité. Pour savoir s'il s'agit de simples projections de vos désirs ou de vos craintes, voici une vérification très simple : imaginez celui ou celle que vous avez été dans une vie passée. Roi, courtisane, guerrier, prêtre, peu importe. Puis, revivez vos vies antérieures selon la méthode indiquée. Vous constaterez que vous avez été tout, sauf celui ou celle que vous avez imaginé !

Cette expérience, je l'ai tentée bien des fois avec mes consultants. Je me souviens notamment de Bruno, un étudiant en médecine, esprit brillant, volontiers caustique, qui m'affirma d'un ton péremptoire avoir été la femme de Dostoïevski (il adorait cet écrivain et le détestait en même temps), un familier de Lord Byron (qu'il idolâtrait) et un Jivaro coupeur de têtes (il aurait volontiers réduit la tête de ses professeurs). Il affirmait en avoir eu la révélation en rêve.

Six séances plus tard, il avait découvert une partie de son passé : portefaix en Afrique du Nord, fonctionnaire dans le midi de la France, soldat belge durant la Première Guerre mondiale, enfant moyen-oriental tué par un cheval emballé. Mais surtout, il avait compris pourquoi il refusait de passer sa thèse depuis deux ans, et décida d'entreprendre une thérapie pour ne plus végéter.

Lors des premières remontées, le processus peut s'apparenter à celui du rêve éveillé. Le « pionnier du passé » – vous-même, allongé paisiblement – a l'impression de se voir de l'extérieur. Bien sûr, il ne faut pas se contenter des premières images qui apparaissent. Elles ne sont qu'un encouragement à poursuivre votre quête. Avec de la persévérance, vous parviendrez à retrouver des pans entiers de votre vie (1).

Il vous arrivera de revivre vos anciens « moi », tour à tour. À l'occasion, vos vies passées se mélangeront. Vous passerez d'une vie à l'autre sans, au début, vous en rendre vraiment compte ; de la même manière, les souvenirs demeurent flous, jusqu'à ce qu'un jour l'événement fondateur surgisse. Plusieurs séances sont parfois nécessaires pour revivre les scènes originelles dans leur intensité.

Vous constaterez aussi que les vies antérieures s'attirent les unes les autres par la ressemblance des émotions. L'année dernière vous vous êtes trouvé dans une situation délicate : moment de déprime, manque d'enthousiasme. Vous avez alors constaté qu'aussitôt les souvenirs de mauvais moments et des émotions similaires vous envahissaient. La mémoire, sur le mode magnétique, attire ce qui ressemble à ce que l'on est en train de vivre.

---

(1) Voir *La mémoire des vies antérieures* et *De naissance en naissance* de Denise Desjardins, La Table Ronde.

Vous vous efforcerez de rester neutre par rapport à ce que revivez. Vous vous entraînerez à chasser les problèmes présents, pour ne laisser ouvert que le vaste champ des profondeurs de l'inconscient individuel et collectif. Apprendre à ne pas juger pendant la séance ce qui remonte, est tout à fait à votre portée. Des personnes très tendues, angoissées, nerveuses y sont parvenues, et vous y parviendrez également.

Revivre procure alors une intense sensation de réalité – pour cause ! On se sent impliqué dans les préoccupations d'une autre époque, aussi réelle que la nôtre. En revanche, quand il s'agit de simples fantasmes, vous constaterez que vous vous trouvez dans votre imaginaire, tiré de votre roman familial (vos liens particuliers, les circonstances de votre éducation).

Lorsqu'une scène ne vous « parlera » pas, n'insistez pas pour l'instant. Si vous n'arrivez pas à partir, inutile de rester allongé plusieurs heures ! Vous recommencerez un autre jour, ou vous choisirez une autre technique parmi celles indiquées.

Certaines personnes peu réfléchies confondent cette recherche avec le cinéma. Sans même avoir essayé, elles prétendent que l'on va se représenter sous les traits d'une princesse, avec des parents riches, l'amour et la gloire, ou bien dans la peau d'un justicier ! On en conclurait que l'histoire du monde n'a connu que des belles au bois dormant, des Zorros et des héros.

Mais alors, d'où viennent ces vies bien ordinaires, mais tellement attachantes ?

D'où surgit ce flot de l'histoire du monde, qui nous construit d'existence en existence ?

Et pourquoi vivons-nous des amours immenses et des haines tenaces, qui nous poursuivent dans cette vie-ci ?

Beaucoup d'enfants ont des souvenirs spontanés de leur passé [1]. La plupart du temps, on les fait taire, par ignorance ou superstition. Les éducateurs connaissent bien ce phénomène : les enfants prétendent appartenir à une autre famille. À la suite de circonstances malheureuses, ils ont été abandonnés par leurs parents (des gens puissants, bien entendu), qui un jour ou l'autre viendront les arracher à leur existence médiocre, pour les rétablir dans leurs droits [2]. On peut dire qu'il s'agit d'une compensation à un univers gris, même s'il est impossible d'admettre que tous les enfants soient malheureux au point d'inventer un autre destin. On peut aussi constater, en ouvrant les oreilles, qu'ils évoquent une incarnation précédente…

Toujours à propos d'imagination, ne bloquez rien, en arguant que cela fait partie de votre vie connue. Ne vous étonnez pas de découvrir, par exemple, que les maisons possèdent des toits en tuile ou en ardoise, ou qu'un chemin de terre ressemble à un chemin de terre d'aujourd'hui. Voilà trois siècles et trois mille ans, on trouvait déjà des ruisseaux au milieu de la forêt, des falaises escarpées.

En revanche, vous accorderez beaucoup d'importance aux vêtements que vous portez, au style des maisons, au mobilier, au décor des pièces où vous vous trouverez. Au fur et à mesure que vos souvenirs remonteront à la surface, vous ouvrirez votre champ de vision. Vous découvrirez alors des détails, des noms de personnes, des odeurs. Votre mémoire s'élargira comme lors d'un zoom arrière au cinéma. Vous contemplez une fleur : en levant la tête, vous découvrez la totalité d'un paysage.

---

(1) *Vingt cas suggérant le phénomène de réincarnation*, du Dr Ian Stevenson, Éditions Sand.

(2) *Psychanalyse des contes de fées*, de Bruno Bettelheim, Laffont.

Il se peut aussi, à l'inverse, que vous croyiez retrouver des souvenirs, alors qu'il s'agit de connaissances oubliées qui resurgissent. Êtes-vous bien certain de ne pas avoir lu, voilà dix ou vingt ans, quelques livres évoquant un décor similaire ? Vérifiez vos découvertes. C'est une occupation passionnante, qui vous mènera à vous intéresser de près à l'environnement de vos anciennes incarnations. Vous découvrirez des existences authentiques, qui vous apporteront votre preuve personnelle. Car les preuves (1) sont déjà nombreuses...

LA DATATION

Assez souvent, il sera possible de situer l'époque de façon approximative. Lorsque vous aurez des doutes, consultez des ouvrages dans les bibliothèques de votre ville, du style « Encyclopédie des styles, Histoire du mobilier, Histoire des vêtements », etc. Pour les souvenirs les plus lointains – avant l'invention de l'écriture ou dans des civilisations orales comme l'Afrique, le monde pré-aztèque – la datation sera quasiment impossible, mais vous obtiendrez des informations, la plupart du temps ne coïncidant pas avec ce que vous saviez déjà... Une datation précise est plus délicate. Durant des millénaires, les hommes, pour la plupart paysans, se souciaient davantage de la saison que de l'année. On pense que Jésus est né cinq ou sept ans... avant Jésus-Christ. Le calendrier solaire n'a été en usage qu'en Égypte, dans l'empire romain et en Occident. L'année romaine commençait au printemps.

(1) On peut lire *Revivre nos vies Antérieures*, Albin Michel, et *La Réincarnation : des preuves aux certitudes*, de J. P. Siémons, Éditions Retz. *Nous sommes tous immortels*, de P. Drouot, Le Rocher. *La Source noire*, de Patrice van Eersel, Grasset.

Musulmans, Juifs et Chinois utilisent des calendriers lunaires, le nouvel an varie d'une année à l'autre. Les Incas avaient leurs propres méthodes. En outre, des modifications sont intervenues après l'introduction du calendrier grégorien : onze jours ont été supprimés pour synchroniser le calendrier avec la révolution terrestre. En général, on peut plus facilement situer une décennie ou une génération. Pour les quatre derniers siècles, les informations sont plus facilement accessibles.

Vous pouvez créer une association pour la recherche de « l'arbre généalogique de l'âme », afin de partager vos renseignements avec les habitants d'autres villes ou d'autres pays. Éditez, par exemple, des bulletins avec des annonces rédigées comme suit : « Quelqu'un peut-il me renseigner sur l'époque où l'on portait une broche en forme de cigale dans les cheveux ? Y avait-il une ville située au nord-ouest de (tel endroit) appelée (ainsi) ? »

Si vous êtes seul, vous pouvez rencontrer des personnes intéressées par les vies antérieures en passant une petite annonce dans votre journal local.

L'ÉNERGIE

Nous savons aujourd'hui de manière scientifique ce que les hindous savaient depuis vingt-cinq siècles : le monde n'est qu'illusion (maya), reflet coloré de la grande vibration universelle. Les physiciens sont arrivés à une conclusion surprenante : la matière n'existe pas ! Il n'existe que cette vibration cosmique. On peut en déduire, puisque nous sommes aussi une vibration, que l'univers demeure en correspondance permanente avec nous. Nous ne sommes que la partie du tout.

Ces vibrations, voilà des millénaires que les « gens simples », les « mystiques », les « voyants » les perçoivent. Dans notre civilisation, on les a considérés comme de doux rêveurs, ou de dangereux agitateurs, à persécuter. Dans d'autres lieux, en Grèce antique, en Égypte, en Sibérie, en Amérique du Nord, ils ont été vénérés et écoutés.

Aujourd'hui, ils peuvent librement paraphraser Galilée : « Et pourtant, l'univers vibre ! » Certains yogis parviennent, au bout d'une vie d'efforts et d'ascèse, à percevoir la danse des molécules... Il n'y a donc rien d'étonnant à sentir une immense énergie lors de vos séances.

Julie, une Antillaise de quarante ans, mariée, deux enfants, employée de banque, fut traversée de véritables spasmes quand elle découvrit avoir été religieuse. Elle se mit à trembler de tout son corps, en murmurant des appels à la clémence : « Pardonnez-moi, mon Dieu, je vous ai trahi, j'étais faible, je vous en supplie, portez de nouveau le regard sur moi... » Elle vivait dans la crainte de la punition divine, et était sensible aux thèses des Témoins de Jéhovah, qui annoncent l'Apocalypse imminente. Elle ne voulait rien entreprendre, de peur de déranger une vie bien réglée dans laquelle elle se sentait en sécurité. Au XIXe siècle, elle avait prononcé ses vœux et s'était enfermée dans un couvent canadien. Mais elle n'était pas parvenue à s'habituer à cette existence. Au lieu de demander à être libérée de ses vœux, elle s'était mise à haïr la mère supérieure, commettant même des sacrilèges avec les objets consacrés. Pour finir, se croyant maudite, elle s'était enfuie. Le reste de cette existence consista en une série d'épreuves qui la conduisirent aux portes de la prostitution et de la déchéance. Elle termina ses jours dans un hospice catholique, recueillie par une de ses anciennes sœurs de couvent. Lorsqu'elle se rassit en face de moi, son visage resplendissait.

Pour tout dire, c'est l'unique fois de ma vie où je vis quelqu'un possédant cet air d'extase illustré par les tableaux anciens. Deux mois après cette séance, elle démissionna et ouvrit un salon de coiffure – un rêve d'enfance. Au bout d'un an, ses affaires étaient si florissantes qu'elle envisageait de créer une succursale.

Vous apprendrez progressivement à laisser monter les flux d'énergie, à les maîtriser. Lors de chaque expédition dans le passé, vous rapporterez un peu du capital-énergie qui sommeille en vous depuis la nuit des temps. Vous synchroniserez votre canal vibratoire avec celui du monde, vous le sentirez rayonner en vous.

Traces physiques, traces historiques

Il semble assez fréquent de trouver des marques sur le corps provenant d'une précédente incarnation. Ces traces peuvent être des points noirs, des cicatrices, etc. On peut ainsi retrouver des cicatrices de balles si l'on a été tué à la guerre ou assassiné. Il serait important qu'une grande enquête soit menée sur plusieurs générations, car pour l'instant il n'existe sur ce sujet qu'une seule étude complète (1). Plusieurs Indiens Tingit furent assez avancés pour décider de revenir dans leur propre famille, en tant que petit-fils ou petit-neveu, se faisant identifier par certaines marques physiques. L'explosion de la communication à l'époque moderne empêchera, à l'avenir, que ce genre d'informations soient tenues secrètes, ou laissées de côté sous prétexte qu'elles ne coïncident pas avec les préjugés officiels.

(1) *Vingt cas suggérant la réincarnation.*

Idées bizarres ? Il a fallu des siècles pour admettre que la terre était ronde, qu'elle tournait autour du soleil, qu'elle était massivement peuplée depuis des dizaines de millénaires. Les théories de Darwin ne sont plus admises partout. Combien de temps a-t-il fallu pour qu'Einstein soit entendu ?

Aujourd'hui encore, on peut constater combien il est difficile d'intégrer les vérités nouvelles. Voilà trente ans à peine que les scientifiques admettent la théorie de la dérive des continents, quelques années qu'ils examinent la théorie du big bang. Et combien de polémiques avant d'accepter que la première femme connue soit africaine ! Ève noire ? Pendant deux mille ans, avant la découverte des manuscrits de la mer Morte (1), de nombreux historiens niaient l'existence des Esséniens.

Quelle sera notre opinion sur la mémoire de l'eau, dans trente ans ? Songez aussi aux découvertes de Voyager II, en désaccord avec toutes les théories...

On sait aujourd'hui que des peuples évolués existaient en Amérique voilà plus de dix mille ans.

Supposez que je vous dise maintenant qu'une civilisation structurée existait trois mille ans avant notre ère, qu'on a retrouvé des os gravés datant de dix-sept mille ans (d'après la datation au Carbone 14 et la thermoluminescence), peut-être même de trente mille ans ; que des sculptures superbes, gravées d'une écriture abstraite et non figurative, ont été trouvées, représentant des petites têtes de femmes ou d'hommes, très artistiques, de quatre centimètres de haut, et des figurines d'animaux de six centimètres ; ainsi que des urnes funéraires, des objets religieux...

(1) *Les Écrits Esséniens*, d'André Dupont-Sommer, Payot.

Tenez, pour vous impressionner, j'y ajouterai une empreinte de main géante ! Et, tant que j'y suis, je vous certifierai que cette civilisation n'a aucun rapport avec l'Égypte, ni Rome, ni les Gaulois, ni… personne, puisque bien antérieure. Enfin, pour comble du ridicule, je vous dirai sans rire : cela se trouve dans un pays minutieusement répertorié, un pays connu, un pays disposant d'équipes de chercheurs, d'archéologues que l'on envoie aux quatre coins du monde, un pays adorant son passé… Emporté par mon élan, j'ajouterai : cela se trouve en France. Vous seriez certain que c'est faux, archi faux. Vous seriez certain que, si tel était le cas, on voterait des crédits ; des armées de linguistes tenteraient de déchiffrer ce langage inconnu, on organiserait des fouilles sur une grande échelle, on en ferait un site mondialement célèbre. Bien entendu. Un tel endroit ne peut exister… Vous vous trompez : cet endroit existe. Une ville entière dort sous terre, et le site est abandonné aux ronces ! Ce village porte un nom, Glozel, près de Vichy. Le dictionnaire Robert (1975) indiquait encore : en 1925, on y découvrit des pièces préhistoriques qui furent reconnues plus tard comme « inauthentiques ». Aujourd'hui, ces termes ont été modifiés ; une commission conclut simplement à leur « non ancienneté ». Bientôt, ces mots deviendront « peut-être anciens », puis « anciens », et enfin « très anciens ».

La réalité est plus tragique : un paysan découvrit un jour des objets n'appartenant à aucune culture connue. Un médecin se passionna, et l'affaire fit grand bruit. Les mandarins, effarés de devoir réviser leurs connaissances sur l'origine de l'écriture et de la civilisation, traitèrent le paysan… de faussaire : il avait fabriqué lui-même des milliers de pièces… (la datation au carbone 14 n'existait pas alors)… Il avait eu cette idée pour faire une buvette et y attirer les gogos… Procès, calomnies, insultes : rarement la science s'était abaissée jusque-là.

Et soixante ans plus tard, il fallut admettre l'évidence. Un journal titra : « l'affaire Dreyfus de l'archéologie ». Voilà au moins dix-sept mille ans, une civilisation extraordinaire existait dans notre douce France [1]. Faudra-t-il attendre les cars d'Américains pour daigner s'y intéresser ? Dans les environs de Glozel se trouvent d'autres sites, avec les mêmes objets, la même écriture...

Je vous ai raconté cette histoire pour plusieurs raisons. Parce qu'elle me tient à cœur. Parce qu'une civilisation entière reste à découvrir dans l'Allier. Parce qu'en ce XXe siècle, dans un pays démocratique, il a fallu soixante ans pour que les savants admettent qu'ils s'étaient trompés, par manque de modestie. Ils avaient préféré se fonder sur leur opinion plutôt que sur l'évidence... Il faudra encore des années pour que les dictionnaires rectifient l'erreur.

Voilà une illustration du proverbe « Tout ce qui est nouveau est faux ».

Les hommes seraient-ils bornés au point de devenir fous, en apprenant que Babylone, Memphis, Athènes, Jérusalem, et plus encore Jésus, appartiennent à l'histoire récente ?

Il ne serait donc pas vraiment stupéfiant que l'on découvre des preuves de l'existence des continents engloutis, la Petite et la Grande Lémurie, Mu, et l'Atlantide, non des traces physiques, sans doute détruites par l'océan, mais des traces de migration. Pourquoi Platon, quand il l'évoque, aurait-il forcément tort ?

Il reste tout à apprendre sur le passé des hommes. Tant que nous ne savons pas, les certitudes ne sont que des opinions.

(1) *Glozel. Corpus des Inscriptions*, Paul Catin. *Glozel et ma vie*, Émile Fradin, Laffont. *Glozel Authentique*, Léon Cote, *La Source D'or*.

La thérapie

Les projections (les sentiments que l'on prête à l'autre) reproduisent la plupart du temps un scénario gravé dans l'inconscient depuis la plus tendre enfance. En vous voyant de l'extérieur, vous apprendrez à régler la plupart d'entre elles.

Tout au long du livre, sont indiqués les effets thérapeutiques les plus fréquents de cette recherche. Ceux qui vous concernent vous paraîtront évidents. La loi du karma (loi de cause à effet, qui signifie que toute dette cosmique doit être acquittée tôt ou tard) est une loi de liberté, qui laisse toute latitude à l'homme pour évoluer. Nul n'est condamné pour l'éternité. Chacun dispose de nombreuses chances.

Danièle, vingt-sept ans, est attachée commerciale dans une agence de publicité. Protestante pratiquante, elle rayonne de gentillesse et de dynamisme ; cependant, de temps à autre, une autre Danièle apparaît : distante, arrogante, impitoyable. Ses capacités sont à la hauteur de ses ambitions. Disponible, courtoise et efficace, on lui pardonne ses écarts, et elle ne cesse de recevoir des promotions. En général, on l'apprécie... Mais elle est toujours vierge, ne désirant faire l'amour qu'avec son futur mari. Seulement, les hommes sont impatients, ce qui l'oblige à rompre très vite toute nouvelle relation. Surtout lorsqu'elle précise qu'il est hors de question d'avoir des enfants. Elle souffre d'homosexualité latente, qui la pousse vers les femmes un peu plus âgées qu'elle.

Les rétro-progressions, cette fois, sont aisées. Aucune barrière. Les mots sortent de ses lèvres sans hésitation. Elle a décidé de ne s'étonner de rien, et raconte en détail les scènes qu'elle est en train de revivre.

Dans deux des premières vies que nous retrouvons, elle a connu l'homosexualité. La première fois, esclave dans un harem, elle a été surprise par un eunuque dans le lit de la favorite, et a été décapitée. Au XVIIe siècle, domestique, elle couchait avec la riche commerçante qui l'employait, dont le mari était impuissant. Lorsqu'il s'en est aperçu, il l'a renvoyée. Elle s'est retrouvée sans ressources. Habituée à un certain train de vie, elle en est arrivée à prostituer sa fille. D'où sa terreur, à travers les siècles, d'avoir des enfants.

Quelques mois suffirent pour changer radicalement sa façon de voir les choses.

Elle commença à accepter l'idée d'être mère un jour, et donc… de ne plus être vierge. Ses relations se modifièrent. Ouverte, attentive aux qualités des hommes qu'elle rencontre, et non plus obsédée par les limites à leur imposer, elle ne tarda pas à rencontrer quelqu'un lui convenant. Depuis, elle n'est certes plus pucelle, mais ses amis et ses collègues la trouvent beaucoup plus humaine… en permanence.

Vous allez apprendre ce qu'au fond vous avez toujours su. Sous le masque social, en dehors des apparences et du rôle, hors de votre corps actuel, ayant peut-être une autre couleur de peau et un sexe différent, vous parviendrez à rencontrer le Soi, votre âme, pure et indestructible.

Nous y reviendrons dans le chapitre qui traite de la réparation du karma.

Voyons maintenant une existence de Laurence, qui montre comment les souvenirs se précisent au fur et à mesure de la remontée. Nous examinerons ensuite sa dimension thérapeutique.

« De ma fenêtre, je vois des buttes coniques. Les gens sont bruns. Ils portent des tissus de couleurs très vives. C'est gai, cela bouge. Les femmes portent des voiles sur les épaules. Leur visage est découvert, elles semblent assez libres. J'entends leurs bracelets qui tintent. Dans ma chambre se trouvent une lampe à huile, un coffre, un lit bas. Et des sortes de boulettes jaunes, qui servent à faire la toilette, ou à se maquiller. »

« Je me trouve apparemment dans la région de Babylone. C'est la fête. Des jeux sont organisés. Des cavaliers doivent montrer leur courage en tirant à l'arc et en lançant des javelots. Ce n'est pas un tournoi, plutôt une compétition. Le pays est riche, les gens y sont heureux. Dans cette vie, je me sens bien. Je suis une jeune fille de seize/dix-sept ans. J'habite un palais, avec de nombreuses colonnes. Il y a beaucoup de pièces, du marbre partout, du monde. Les pièces sont plutôt petites. Elles donnent sur une cour avec une fontaine ; de l'autre côté se trouvent une piscine et des jardins. C'est très joli. Il y a des terrasses, des arbres. Dans ma chambre se trouvent des instruments cousus en peau d'animal. Il y a des instruments à cordes, et d'autres qui ressemblent à des xylophones, qu'on tape avec de petites boules. »

« Je suis d'une bonne famille. Mon père travaille pour un grand seigneur, lié à la politique. Il est très pris. Il m'aime bien. Il nous aime tous. On est gâtés. Il s'intéresse à son travail, à nos préoccupations. Ma mère, je ne la vois pas. Elle n'est pas là. Des femmes âgées s'occupent de nous. Une femme âgée, aux cheveux blancs très longs, remplace ma mère. Mes frères ne sont pas avec moi. Tout jeunes, on les a amenés pour qu'ils deviennent prêtres ou guerriers, ils doivent s'exercer. »

« Je suis libre. On m'a appris à écrire. Ce n'est pas du papier, pas vraiment du parchemin. Cela ressemble à une peau de bête, c'est fin, un peu transparent. On dessine, on écrit, avec des sortes de pinceaux, des petits bouts de bois. Notre écriture est faite de signes qui s'étalent. On a des boîtes avec des poudres de couleur, comme un plumier divisé en petites cases carrées. C'est un homme qui m'apprend, à moi seule. Parfois, mes deux petites sœurs sont là. On lui en fait voir ! Il est patient. C'est une sorte de prêtre. Je sais qu'il voudrait m'apprendre davantage, mais je n'en ai pas envie. La vie est si facile... La religion ne m'intéresse pas, et la politique encore moins. Ma mère est morte quand j'avais deux ans. Depuis, je me sens toujours un peu absente. »

« Il y a des écuries. J'aime les chevaux. Le vieux monsieur de l'écurie m'en donne un parfois pour aller me promener, sans garde. C'est interdit, mais il n'ose refuser. Il y a beaucoup de forêts vert sombre dans ce pays-là. C'est très beau. La vie est très agréable. Avec mes amies, on va nager dans la rivière. Il y a des roseaux très hauts. Il fait toujours beau dans mon pays. Des barques décorées à l'avant, comme une figure de proue, le grand cou d'une bête avec une tête. Elles sont peintes en rouge et vert foncé. Elles sont prévues pour six à dix personnes. »

« Depuis que j'ai grandi, mon père me parle beaucoup plus. Il n'a pas un beau nez. Ses cheveux sont longs et noirs, coiffés avec des crans. Ses yeux sont petits, très brillants, intelligents, il travaille avec l'étranger, en rapport avec ce qui se passe à la cour. »

« Plus tard, je suis mariée. Je vais souvent le voir. Mon mari est fort. Ses cheveux sont séparés par une raie. Il est

souvent parti. Je n'ai pas une relation proche avec lui. Je suis moins bien considérée que chez mon père. C'était pourtant un beau mariage, avec des prêtres agitant l'encens, dans un grand temple avec un escalier monumental. On m'a offert des tissus brodés d'or, beiges, et des voiles, des bracelets. C'est un mariage arrangé. Chacun se respecte. C'est comme un contrat. Il ne me ferait rien de mal, mais ce n'est pas ça... pas l'amour, Par la suite nos rapports s'améliorent. Je le rends plus ambitieux, parfois il me demande mon avis... Mais je m'ennuie un peu, dans cette vie... »

– Qu'en rapportez-vous ?

– Un objet symbolique. Un sceau en argile qui me sert à signer. C'est une plaquette avec une sorte de petite roue pour l'accrocher. C'est important. À travers les siècles, je dois rester moi-même, devenir davantage moi-même. »

Dimension thérapeutique :

Laurence n'était pas épanouie sentimentalement dans cette existence passée, ayant accepté un mariage de raison, quand elle aurait pu agir autrement. Son père ne s'y serait sans doute pas opposé. C'était une vie agréable, dans de bonnes conditions. Les gens étaient joyeux, elle n'avait pas de soucis particuliers, mais n'avait pas profité pleinement de ses opportunités. On lui proposait un enseignement, une connaissance, mais elle n'avait pas envie d'approfondir.

Cela révèle une aptitude à recevoir une initiation, qu'elle ne néglige plus dans cette vie. Cela lui permet aussi de comprendre que le choix n'est pas, en ce qui la concerne, entre une vie terrestre et une vie spirituelle. Elle doit apprendre à vivre ses différentes dimensions.

L'Âme

La nature offre en quantité les graines, les grains de pollen, les spermatozoïdes, selon une politique d'abondance et d'approximation, pour laisser ses chances à la reproduction. On peut penser, si l'on est croyant, que Dieu agit de même avec la vie, permettant à chaque âme de choisir une incarnation, aussi longtemps que nécessaire pour atteindre la perfection. La vie étant ouverte à tous dans l'univers, nous n'avons pas à la « mériter ». Parce que l'homme est rare, son âme l'est encore davantage.

Tels que nous sommes, nous finirions par nous ennuyer au paradis… Dans l'existence matérielle, l'opposition est nécessaire. La création, c'est la création de la matière, l'âme étant déjà en Dieu. Quand on lit la Genèse, on est frappé de constater que lorsque l'homme crée la terre, les étoiles, l'eau, les animaux et les poissons, « Dieu vit que cela était bon ». Mais quand il crée l'homme, aucun commentaire !

C'est grâce à la vie sur terre – et sans doute sur quelques-unes des milliards de planètes de l'univers – que le séjour des âmes est devenu instructif. La dialectique permet de progresser, et nous détenons le chemin de notre propre parousie.

« Dieu créa l'homme à son image ; il le créa à l'image divine, il créa le mâle et la femelle. »

Toujours d'après la Genèse, Dieu a pris soin de placer une interdiction dans son paradis, pour bien indiquer qu'il ne s'agissait pas du Paradis. Grâce au formidable courage d'Ève, qui a relevé le défi de l'intelligence et de l'histoire (symbolisé par le serpent et la pomme), l'humanité a eu accès à l'arbre de la connaissance, qui seul permet de retrouver l'accès à l'arbre de la vie éternelle. Ève a été divinement inspirée en suggérant à Adam de goûter le fruit de la connaissance. Par chance, ou par dessein divin, Adam était un homme amoureux, ayant confiance dans sa femme, et non un sectaire hostile aux expériences nouvelles. Puisqu'il avait la liberté, plutôt que de rester un enfant devant Dieu, il a choisi de devenir homme. Qu'ils aient été ensuite chassés du Paradis était sans doute prévu : les enfants doivent quitter la maison du Père pour découvrir le monde et se réaliser. Dieu aurait peut-être été fort déçu de constater qu'ils restaient confinés dans le jardin d'Éden comme des retraités, quand il mettait à leur disposition un univers infini à explorer.

Si péché originel il y a, c'est Caïn qui l'a commis en tuant son frère Abel. Mais les hommes adorent tuer, et ce sont des hommes qui ont rédigé ce texte... Ne sont-ce pas aussi les hommes qui affirment sans complexe que la prostitution est le plus vieux métier du monde ? Quelques secondes de réflexion suffisent pourtant pour admettre que le plus vieux métier du monde, c'est celui de soldat...

Sans entrer dans des querelles théologiques, faut-il prendre à la lettre ces phrases : « Le Seigneur vit que la méchanceté des hommes était grande sur la terre, et que toutes les pensées de leur cœur étaient, en tout temps, dirigées vers le mal. Le Seigneur se repentit d'avoir créé l'homme sur la terre, et il en eut le cœur affligé... »

Il faut en déduire que la race humaine s'est améliorée depuis le Déluge, car rares sont ceux dont toutes les pensées sont, en tout temps, dirigées vers le mal. On l'aura compris, chacun sécrète ses propres « péchés », et détient, s'il faut utiliser ce langage chrétien, sa propre « rédemption ».

Depuis cette époque symbolique, les choses n'ont pas tellement changé : l'homme hésite, argumente et agit, la femme ressent et explore de nouvelles voies. S'il est exact que la femme fait l'homme, c'est sa nature ouverte et intuitive qui incite son compagnon à tester l'inconnu.

Aujourd'hui, les civilisations se savent mortelles. Ce ne sont pas les monuments et les écrits qui atteindront l'immortalité, seule l'âme le peut. Tel est le sens du mot d'André Malraux : « Le XXIe siècle sera religieux ou ne sera pas. » Conquérir l'univers est formidable, accéder à l'éternité, c'est la source qui toujours rejaillit.

Il ne faudra donc pas vous étonner si, au cours de votre quête, vous avez été homme ou femme, ou d'une autre race. Pierre-Michel, conseiller financier, qui emploie deux domestiques et un chauffeur, a été ouvrier en Afrique du Nord... L'âme n'a pas de couleur de peau.

La peur

« J'aimerais bien retrouver mon passé, diront certains, mais est-ce que cela m'apprendra quelque chose, si je découvre que j'ai été brûlée vive, ou si j'étais un guerrier mort au combat ? »

L'histoire de l'humanité est riche en horreurs et massacres. Il est donc possible que vous en rencontriez en explorant le passé. Même si ce sont des vies pénibles, ce sont les plus utiles. Elles permettent de régler en profondeur les phobies d'aujourd'hui. Le choix est toujours le même : soit on feint de n'avoir pas de pulsions hostiles à soi-même, et on les laisse agir à notre place, nous détruire, nous humilier, nous amoindrir.

Soit on ramène au jour les traumatismes anciens, pour les maîtriser, les utiliser. Ces handicaps sont des énergies bloquées, qui empoisonnent. Lorsqu'ils sont libérés, votre puissance s'accroît. De plus, la certitude de revivre permet de se préparer à la prochaine vie, de ne pas gâcher celle-ci avec une foule de détails sans intérêt. Les existences antérieures libèrent de la médiocrité des jours.

Les expériences malheureuses sur terre ne conduisent hélas pas toujours à la sainteté. Après les holocaustes du XXe siècle, il devrait y avoir des centaines de millions de religieux. Comprendre intellectuellement est insuffisant, car les pulsions non identifiées poursuivent leur évolution néfaste, en se nourrissant des circonstances de votre vie. Comme le disait Freud, « la bouche est muette mais les doigts bavardent ».

Vous ne craindrez donc pas les expériences pénibles, sachant qu'elles vous permettront de vous libérer de la peur du vide, de la peur du noir, de la claustrophobie, de la peur des autres, etc. Différents moyens pour vous protéger de la peur, afin de la surmonter et de l'assimiler pour la transformer en énergie positive, sont enseignés tout au long de l'ouvrage. Et après tout, vous êtes parfaitement libre de ne revivre que vos existences agréables ! Vous avez constaté combien il a été facile à Aurélie d'interrompre le souvenir, quand elle a su qu'elle n'était pas capable d'approfondir sur l'instant. Même seul, vous pourrez réussir comme elle. Vous apprendrez à garder le contrôle de la situation, afin de laisser votre psychisme s'habituer aux révélations. Michelle se rongeait les ongles jusqu'au sang, jusqu'au jour où elle se souvint avoir été torturée au Moyen Âge : on lui avait arraché les ongles… et elle avait gardé l'habitude de les éliminer, car ils représentaient un danger.

L'Identité

L'homme ne se conjugue pas au singulier. Les rares ermites qui parviennent à se passer de leurs congénères réalisent une prouesse, mais ils ne sont pas seuls puisqu'ils dialoguent avec Dieu. À l'inverse, l'homme qui s'identifie avec la masse perd son identité. Malgré des tentatives totalitaires, des explications religieuses, politiques, médicales, sociologiques, l'homme n'a pu être réduit à un ensemble de facteurs, à une équation. Quand on parle de l'homme, l'essentiel se dérobe.

Les psychanalystes, de leur côté, admettent qu'entre le comportement normal et le comportement anormal, la frontière est floue ; les différences sont minimes, surtout fonction du milieu et des circonstances. Pour les psychiatres, la différence entre un individu sain et un fou est question de degré, non de nature (1).

Si vous vous rendez en Inde, il vous arrivera de croiser un homme nu, les cheveux très longs ramenés en chignon, la tête couverte de cendres, le visage maquillé de signes religieux. Il s'agit d'un saddhou, considéré comme une sorte de saint, ayant accès à une autre réalité. Ici, le même comportement lui vaudrait un séjour en hôpital psychiatrique, ne serait-ce que pour quelques jours. La folie est très relative, et l'on se contente de la définir comme un comportement inadapté ou dangereux. À l'exception des tyrans, que l'on s'obstine à ne pas traiter en fous. Tuez trois personnes, vous êtes fou. Tuez-en un million, vous voilà une grande figure de l'histoire. Comme l'a dit Charlie Chaplin dans *Monsieur Verdoux*, « le nombre sanctifie ».

---

(1) *La Scolastique freudienne*, du Pr. Debray-Ritzen, Fayard.

Au cours des siècles, la définition de l'identité et la valeur de l'individu se sont profondément modifiées, en général dans un sens positif : l'esclavage a presque disparu – sauf celui de la misère et, ici, celui de la possession matérielle. On peut espérer que le XXIe siècle permettra à tous les hommes de manger à leur faim, d'apprendre à se connaître. Nous n'avons pas, pour l'instant, d'autre planète à notre disposition. Il n'existe plus d'eldorado ni de Far West, et nous devons respecter notre chère vieille terre… sous peine d'avoir tué toute forme de vie d'ici moins d'un siècle.

Le danger d'hallucination existe-t-il dans les remontées vers les vies antérieures ? Est-ce une menace pour l'identité ? Certains ont le droit d'entendre la voix de Dieu (Jeanne d'Arc, Mahomet). Le commun des mortels serait-il donc sourd ?

Le véritable danger, c'est de laisser agir les pulsions en refusant de les reconnaître. Regardez autour de vous : à quelle force obéit Julien, cinquante ans, quand il quitte son épouse pour une femme de trente ans, et qu'il se retrouve, deux ans plus tard, en larmes et au bord du suicide ? Qui parle vraiment, quand Jean-Louis, par ailleurs sympathique et bon vivant, traite sa femme de tous les noms ? Qu'est-ce qui pousse Fabienne à partir avec un inconnu rencontré par minitel, abandonnant son fils d'un an et un mari fortuné ?

Le moi n'est pas une donnée stable. Pourquoi le serait-il, dans un monde composé de particules tourbillonnantes, sur une planète lancée à grande vitesse dans un univers infini ? Le moi ressemble plutôt à un essaim d'abeilles aux contours flous, avec de grandes tendances que l'on choisit ou non d'exprimer. Il existe en soi des tendances opposées, qui aiment en secret le contraire de ce que le moi aime officiellement, des « minorités internes » qui croient l'inverse de ce que croit le moi majoritaire.

Il semble qu'un moi épanoui fonctionne comme une démocratie. Les tendances marginales de l'individu peuvent s'intégrer, et, grâce aux remises en question qu'elles provoquent, enseigner, aider à changer, affronter des situations nouvelles. Ce sont souvent même ces tendances (appelées défauts ou handicaps) qui permettent à l'individu d'évoluer. On a dit que si Hitler avait eu le talent de Rubens, au lieu d'être un peintre paysager du dimanche, il aurait pu s'épanouir ailleurs que dans la haine. On sait aussi que certains subliment leurs pulsions meurtrières en écrivant des romans et des scénarios policiers.

Il ne faut donc pas s'étonner que subsistent dans la même personne des reliquats de comportements anciens, provenant de la mémoire archaïque ou des vies antérieures. Il n'existe guère de règle en ce monde, mais on peut estimer qu'une société monolithique, totalitaire, ou un individu monolithique, arc-bouté sur ses préjugés, est malheureux, porté à l'angoisse et à la tyrannie.

Il se peut que vous soyez fort surpris par ce que vous allez découvrir.

Mais, lorsque vous faites le bilan, avez-vous sincèrement essayé de vivre vos rêves ?

Vous êtes-vous donné toutes les chances de suivre la voie qui vous rendait heureux ?

Parvenez-vous à exprimer ce que vous avez sur le cœur ?

Intensifier sa personnalité est une des tâches les plus dignes de l'humain. Nous ne sommes pas des blocs monochromes, mais des espaces multifacettes, aux somptueuses couleurs. Vos vies antérieures révéleront vos nuances...

LA SOUFFRANCE

Le débat, commencé depuis la nuit des temps, est resté d'actualité : la souffrance est-elle rédemptrice ? À défaut, est-elle formatrice ? Dieu nous distingue-t-il en nous faisant souffrir (1) ? On a fait au christianisme et aux autres religions le reproche d'inciter leurs fidèles à se complaire dans la souffrance. Aujourd'hui, l'illusion est de parvenir un jour à la supprimer tout à fait...

L'origine de la vôtre se trouve peut-être dans le passé. On peut l'atténuer fortement.

Vous saurez vous détacher de la souffrance subie ou infligée jadis, afin d'alléger votre karma. Dieu ne se confond pas avec les religions – et s'y résume encore moins – et votre souffrance ne se confond pas avec votre âme.

Irène est une femme de trente ans, coquette, qui occupe un poste en vue. On ne remarque pas qu'elle boite légèrement. La moitié de sa vie s'est passée dans la souffrance. Difforme, elle a passé quatre ans dans un fauteuil roulant, subi des exercices d'élongation chaque jour dans un hôpital. Mais sa volonté de vivre l'a sauvée. Elle a réappris à marcher, à étudier, à travailler. Ses rétro-progressions ont été les plus belles qu'il m'ait été donné de voir : Irène a commis plusieurs crimes dans ses vies passées, mais son choix de progrès l'a libérée, et le reste de son existence actuelle sera heureuse, comme la vie suivante.

---

(1) *Pourquoi le malheur frappe ceux qui ne le méritent pas*, d'Harold S. Kushner, Sand/Primeur, *Corps infirmes et sociétés*, d'Henri-Jacques Stiker, Aubier-Montaigne.

Les chances

S'il fallait prêter la mesquinerie humaine au Créateur, on s'étonnerait qu'il ne nous ait accordé qu'une seule chance de « préparer notre salut », Les enfants nés durant la guerre, dans la misère, dans une famille dégénérée, n'auraient qu'une opportunité de sauver leur âme ? Quel surhomme serait capable de devenir un saint en naissant dans une famille dont le père est en prison, la mère sur le trottoir, les frères massacrés, les sœurs mourant de faim ? Quand, dès l'âge de cinq ans, il n'aurait appris à compter que sur lui-même, ramassant des débris dans la rue pour se nourrir ? C'est pourtant le lot de tant d'enfants sur terre, c'était, à une époque récente, le lot de tant d'enfants dans nos pays...

Juliette, soixante-cinq ans, est retraitée. Depuis l'âge de quatre ans, elle est profondément voleuse. Son premier forfait a été de dérober un porte-monnaie à l'étal d'un marché de plein air. Son second, l'année suivante chez sa grand-mère, de tuer deux poules à coups de bâton. Ensuite, elle s'est mise à fouiller les poches des amis de ses parents, à emprunter trop souvent des objets à ses camarades de classe, en omettant de les rendre. Ce qui l'a empêchée de sombrer tout à fait, c'est la conscience de sa malhonnêteté. Plus de vingt ans lui ont été nécessaires avant de parvenir, jeune fille, à éliminer cette tendance. Elle a passé le reste de sa vie sans jamais envier le bien d'autrui. Nous reviendrons plus loin à l'histoire de Juliette, mais, d'ores et déjà, qui jetterait la pierre à une fillette de quatre ans ? Les gosses sont-ils coupables avant de naître ?

Il existe des cas bien plus dramatiques : l'esprit se révolte à l'idée que des êtres innocents, des enfants, des hommes et femmes foncièrement bons soient victimes de crimes, d'accidents, de maladies « injustes ». Notre seule consolation, devant la souffrance, est de découvrir en quoi elle peut nous aider à évoluer, si cette preuve rendra plus dense notre appartenance à l'humanité. Ces âmes saccagées par la névrose sociale, la névrose guerrière, ou les maladies qui frappent aveuglément, auraient donc utilisé leur unique billet pour le beau voyage sur terre ? « Désolé, le destin ne repasse pas, inutile de tenter de resquiller, c'est par là la sortie » ? La réponse coule de source : tel n'est pas le cas. L'homme dispose de multiples chances pour goûter aux moments de bonheur.

Les faux départs

Qu'apprend l'avorté, l'enfant mourant tôt, le nouveau-né, le mongolien ? Pourquoi choisit-on de s'incarner ainsi ? Ou bien y est-on contraint ?

Il semble que l'âme soit attirée par ce qui favorise son évolution. Elle n'en prend pas forcément conscience sur terre, mais lorsqu'elle se trouve de l'autre côté.

J'ai connu le cas d'un enfant handicapé qui avait été un prêtre tyrannique, et avait été orienté vers l'humilité, humilité de l'homme acceptant d'ouvrir la porte à Dieu, humilité de Dieu acceptant de se réduire en partie à l'homme.

En outre, certains enfants meurent, car leur karma, en général en relation avec leurs parents, s'est achevé.

De plus, il ne suffit pas à l'âme de passer au plan invisible pour devenir parfaite, loin s'en faut. Elle commet encore des erreurs, et peut se réincarner dans un corps qui ne vivra pas.

La poisse

Vous connaissez sans doute une personne, ou une famille, poursuivie par la poisse ? Autour d'elle, voici la cohorte des chagrins, la procession des deuils, la ronde des maladies, le cercle des difficultés, la douleur de l'isolement... Cet enchaînement n'est pas une fatalité. Le karma familial peut également se régler par la connaissance.

Le nombre d'âmes

Une dernière question fréquente concerne le nombre d'âmes disponibles. Voilà dix ans, on pensait que quatre milliards d'individus s'étaient succédé sur terre avant les générations actuelles, et qu'il était impossible de tous se réincarner en permanence. On sait aujourd'hui que la terre, depuis l'origine, a porté quatre-vingts milliards d'humains !

Permettez-moi de me répéter : ne croyez rien sur parole. Je ne cherche pas à vous convaincre que vous vous réincarnerez pour compléter votre éducation spirituelle, ou pour d'autres raisons. Essayez simplement de rétro-progresser, quand vous sentirez le moment favorable, lorsque vous en aurez envie, ou bien lorsque vous serez dans une situation apparemment sans issue. Peu importent mes opinions. Ce qui compte, c'est votre expérience.

Votre curiosité s'éveille-t-elle ? Désirez-vous profiter pleinement de votre capacité latente ? Connaître ces techniques qui vous permettront d'enrichir votre quotidien ?

Eh bien, allons-y.

Chapitre III

Comment s'y prendre

La relaxation

BIEN souvent, l'esprit de l'homme est encombré de jugements préfabriqués, et il dresse des barrières mentales pour se protéger (sans résultat !) de son inconscient antérieur – provenant du passé – que j'appelle « l'inconscient karmique ».

La relaxation abaisse le niveau de protection artificielle, les inhibitions, les blocages dus aux préjugés et aux superstitions matérialistes. Surtout, elle aide à alléger votre corps, pour le laisser échapper à sa vie actuelle, afin de rendre à l'esprit sa virginité. Cela permet à vos souvenirs d'affleurer au niveau de la conscience.

Dans un fauteuil, vous allez lire plusieurs fois le texte qui vous permettra de vous relaxer, de manière à bien saisir l'enchaînement des phrases. Pendant votre lecture, concentrez-vous sur les différentes parties de votre corps qui sont évoquées. Au début, cela peut vous prendre vingt minutes ou davantage. Quand vous le maîtriserez, il vous suffira de quelques minutes. Après un bon entraînement, vous parviendrez à vous détendre instantanément en toute circonstance. Vous pouvez bien sûr modifier les phrases, mais mieux vaut attendre pour cela une bonne expérience. Cette technique, à la portée de tous, permet en outre à celui qui souffre d'insomnies, de trouver facilement le sommeil. Il est très rare de pouvoir achever l'exercice : on risque de s'endormir avant... Vous pouvez aussi l'enregistrer sur cassette. Lorsque vous connaîtrez bien ce texte, vous pourrez passer à la phase suivante, allongé. Si c'est une personne de confiance qui vous le lit, sa voix doit être plutôt grave, monotone mais convaincante. S'il s'agit d'une femme, qu'elle évite les aigus. Les interruptions entre les mots ne doivent pas excéder une ou deux secondes, afin de maintenir le flot sonore, mais pour permettre néanmoins à celui qui se détend de sentir l'une après l'autre les différentes parties de son corps. Le débit doit être lent et régulier. Celui qui parle doit vivre en même temps que vous les sensations que vous ressentez durant la relaxation. Qu'il ne craigne pas de répéter plusieurs fois les mêmes phrases, si nécessaire, jusqu'à ce qu'elles aient profondément pénétré le subconscient.

Étendu dans la pénombre, le corps confortablement installé sur un lit ou un canapé, vous avez ôté ceinture, cravate, chaussures. Aucune barrette ne retient vos cheveux. Vous portez des vêtements qui ne vous engoncent pas. Bien sûr, vous avez étouffé la sonnette, débranché le téléphone. Vous avez l'assurance de n'être pas dérangé durant une bonne heure.

Fermez les yeux, et maintenez-les fermés tout au long de la relaxation, puis de la séance qui suit.

- Commencez par vous étirer plusieurs fois en respirant à fond. Puis laissez vos bras s'écarter légèrement de votre corps, dans une position naturelle, les paumes ouvertes, abandonnées. Vos pieds sont également légèrement écartés. Laissez votre respiration retrouver son rythme naturel.

« Je vais me détendre... Dans quelques minutes, je serai détendu. Quand je serai prêt, tout à l'heure, je raconterai au présent ce que je ressens, ce que je vois, sans juger, sans sélectionner, sans me censurer. Je parlerai librement. Au fond de moi, je suis libre... Libre... Je vais détendre l'une après l'autre les différentes parties de mon corps, ces parties auxquelles d'habitude je ne pense pas... Je vais sentir la température de mon corps...

« Je me concentre sur mon pied droit... Je sens mon pied droit, qui pèse sur le canapé. Je le sens peser. Les muscles de mon pied droit se détendent... Peu à peu, mon pied droit est envahi d'une douce sensation de chaleur. Je sens mes orteils qui vivent, qui existent, ces orteils qui font partie de moi... je sens la plante des pieds... le talon... envahis d'une douce sensation de chaleur, une chaleur agréable, si douce... Je sens mon pied droit envahi d'une douce sensation de chaleur. Je sens combien ce pied est le mien, utile, indispensable, tellement présent... Une chaleur douce, agréable l'envahit.

« Et cette chaleur gagne mon pied gauche. Mon pied gauche est envahi d'une douce sensation de chaleur. Je sens mes orteils... la plante du pied... le talon... Ma peau est chaude, je sens mon sang circuler dans les pieds, ce sang qui répand une douce sensation de chaleur dans mes pieds... Mes deux pieds baignent dans la chaleur... Je les sens exister, je sens combien mes deux pieds m'appartiennent, ils sont une part de moi, envahis d'une douce sensation de chaleur... Je sens la température de mes pieds, le sang qui circule, chaud, si chaud, agréable...

« Cette chaleur gagne mes mollets, mes chevilles, qui deviennent chaudes, chaudes et douces, et qui pèsent... détendues... relâchées... Je sens mes chevilles chaudes, si chaudes... Mes chevilles sont envahies d'une douce sensation de chaleur, douce, agréable, si douce...

« Cette chaleur monte dans mes jambes... Les muscles de mes jambes vont se détendre, les muscles de mes jambes se détendent, les muscles de mes jambes sont détendus... Envahis d'une chaleur agréable, chaude, si douce...

« Cette chaleur gagne maintenant mes genoux... Je sens mes genoux envahis par la chaleur, une chaleur douce, qui monte dans mes cuisses. Mes cuisses sont gagnées par la chaleur, les muscles de mes cuisses vont se détendre, les muscles de mes cuisses se détendent, les muscles de mes cuisses sont détendus... Mes cuisses sont envahies d'une douce sensation de chaleur, agréable, et cette chaleur remonte dans mon ventre...

« Je sens mon ventre, je sens les muscles de mon ventre... Je sens l'intérieur du ventre, où s'achève ma respiration... Ma respiration si chaude au fond de mon ventre... Les muscles du ventre vont se détendre... Les muscles du ventre se détendent... Les muscles du ventre sont détendus... Mon ventre baigne dans une douce chaleur, une chaleur douce et agréable. Je sens les muscles des fesses se détendre... Se détendre... Mon bassin est envahi par cette chaleur si douce, si douce... Je sens la chaleur circuler dans mon bassin, éliminant les points de tension... Mon ventre est complètement détendu...

« Cette chaleur gagne maintenant mon buste. Ma poitrine est envahie par la chaleur, je sens ma respiration si chaude, douce... Mon souffle répand dans tout mon corps une douce sensation de chaleur, une chaleur agréable, si douce... L'air s'enfonce en moi, agréable, si chaud, et je sens mon corps qui pèse, mon dos qui pèse...

« Je sens mon dos, détendu... mes muscles relâchés... la chaleur monte et descend le long de ma colonne vertébrale... Je sens ma colonne vertébrale chaude, si chaude... pesante...

« Et cette chaleur gagne la nuque, qui se détend. Les muscles des épaules et de la nuque vont se détendre... Les muscles des épaules et de la nuque se détendent... Les muscles des épaules et de la nuque sont détendus... Mes épaules sont envahies par une douce sensation de chaleur... C'est bon de sentir ses épaules détendues... chaudes... Je sens mon énergie, l'énergie de mon corps, circuler dans mes épaules, éliminant les tensions... L'énergie de mon corps, chaude, agréable...

« Et cette chaleur descend dans mes bras... mes coudes... Je sens mes coudes peser... Cette chaleur gagne mes mains... mes doigts... Ma paume est chaude... Mes bras reposent, détendus, libres... Relâchés... Libres...

« Cette chaleur gagne ma tête… Ma tête est envahie d'une douce sensation de chaleur, mes mâchoires se desserrent… ma bouche est entrouverte, je sens la chaleur sur le menton… les joues… le nez… le front… les oreilles… Ma tête est envahie d'une douce sensation de chaleur…

« Je sens maintenant la chaleur de mon corps, la chaleur de mon souffle, qui est à la température de mon corps, je sens l'énergie qui circule dans mon corps, éliminant les tensions… »

Les premières fois, arrêtez-vous à ce premier palier.

Lorsque vous aurez autorisé votre corps à se détendre en profondeur, passez à la phase suivante :

« Je vais maintenant me concentrer sur un point situé entre mes deux yeux, au-dessus de la racine du nez… Je commence à sentir ce point, je le sens… Ce point devient lumineux, très lumineux, et cette lumière envahit mon corps, mon corps devient lumineux, la chaleur devient lumière, une lumière qui m'envahit… Je suis enveloppé d'un cocon de lumière, je me sens merveilleusement bien, je flotte, une grande lumière est en moi…

« Je me concentre maintenant sur ma respiration… Je sens ma respiration, paisible, l'air qui entre et sort de mon corps. Ma respiration se matérialise, je sens le déplacement de l'air… Je sens l'air entrer par mes narines… agréable, chaud… Cet air est à la température de mon corps, cet air s'enfonce profondément dans mon corps, en direction du diaphragme…

« Je sens l'énergie concentrée dans mon plexus solaire... L'énergie qui circule dans mon corps, cette énergie dont je prends conscience... Je sens ma respiration, l'air entre et sort de moi... J'entre dans mon corps et je sors de mon corps... Je suis dedans et dehors à la fois... ici et ailleurs... aujourd'hui et hier... L'air entre et sort de mon corps, j'entre et sors de moi-même, je suis cet air lumineux, qui entre et sort librement de moi, librement, sans attache... Je sens la chaleur de ma respiration, je vois la lumière de ma respiration... La chaleur entre en moi, la lumière entre en moi... La lumière envahit mon corps... Je me sens bien... Disponible... Détendu... Libre...

« Le temps n'existe plus, je suis maintenant dans le temps universel, et je vais me diriger vers les souvenirs enfouis, retrouver ce que j'ai toujours su... avec calme, avec confiance, avec détermination... Ce qui est gravé quelque part, dans ma mémoire...

« Dans quelques instants, je vais retrouver le souvenir d'une vie passée, je vais la revivre au présent et raconter la scène à voix haute, en me concentrant sur les détails... la couleur et la forme de mes mains, comment je suis habillé, ce qui m'entoure, comment sont les gens, s'ils portent des vêtements de tissu, de cuir ; ou autre chose, si je porte des bijoux, ce que je fais... Je vais retrouver les sons et les voix du passé, les odeurs, les bruits... Je vais décrire ce qui m'entoure, les habitations, les paysages, les amis... ce que je fais, ce que je ressens...

« Puis j'ouvrirai mon champ de vision et je découvrirai une vie entière, ma vie antérieure, ce que j'y fais... Ce qu'elle m'enseigne...

« Je baigne toujours dans cette belle lumière si claire, mon souffle entre et sort de moi, je suis ce souffle... Je me dirige vers une lumière non loin de là, une sorte de brume lumineuse, je vais m'en approcher. Derrière cette brume apparaîtront les images du passé, les images de mon passé, les images de ma vie passée... Je vais retrouver des paysages que j'ai toujours connus sans le savoir, des gens que j'ai aimés ou détestés sans le savoir, et je décrirai ce que je vis, au présent, à voix haute, avec calme, avec confiance.

« Je me sens bien... j'ai hâte de découvrir mes souvenirs inconnus. Je me dirige vers cette brume lumineuse, et peu à peu ce brouillard lumineux se dissipe, et je raconte ce que je vois. « Ça y est, je pénètre dans cette brume lumineuse et je vois... »

Dans ce cas, le point que vous visualisez est le **chakra frontal**, ce tourbillon d'énergie aux couleurs rose, jaune et mauve. Ce chakra est, avec celui de la porte du ciel, celui qui favorise la communion spirituelle.

Parmi les techniques proposées, choisissez celles qui vous conviennent le mieux.

Changez de temps en temps, pour éviter la routine, afin de mobiliser votre inconscient karmique.

Vous rêvez en moyenne une heure et demie à deux heures par nuit. Si vous faites l'effort de vous en souvenir, vous verrez que c'est le cas.

Il en va de même pour vos vies antérieures : restez motivé, jour après jour, semaine après semaine.

Les premières gratifications ne tarderont pas.

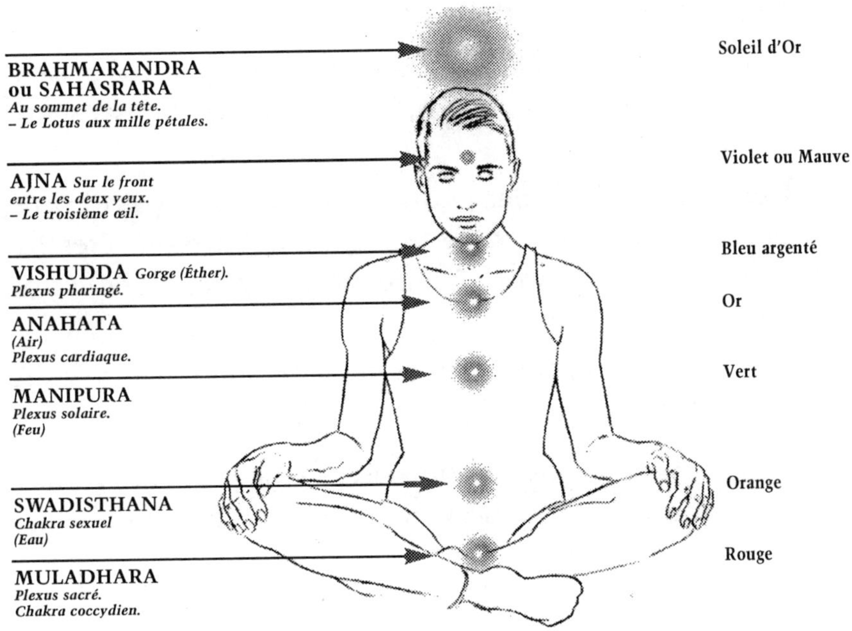

Emplacement des chakras.

Variante : Le chakra du cœur

- Au lieu de se concentrer sur le troisième œil, on peut se concentrer sur un point situé à droite du cœur. La couleur de ce chakra est, en général, à dominante jaune ou verte. Vous pourrez très vite sentir l'endroit précis où jaillit l'énergie.

Dans ce cas, dire : « Je sens ce point lumineux s'élever et s'abaisser au rythme de ma respiration, paisible, ce point s'élève et s'abaisse au rythme de ma respiration... Ce point pulse, son énergie se propage dans mon corps... La lumière émise se met à grandir, cette lumière envahit mon corps, mon corps est envahi par la lumière... » Etc.

Variante : Le souffle frais

- Avec un peu d'expérience, lorsque vous sentirez la chaleur circuler dans votre corps, vous pourrez aussi sentir la fraîcheur.
- Cet exercice doit vous permettre de refroidir votre corps, puis, volontairement, de le réchauffer. Si vous êtes frileux, vous parviendrez à faire monter la température de votre corps en hiver.
- Volontairement, faites descendre la température de votre corps. Lorsque vous frissonnez, faites-la remonter.

Pour retrouver vos vies antérieures, ne descendez pas à une température trop basse. Contentez-vous de sentir la fraîcheur sur votre corps.

Lorsque vous atteignez le stade où la chaleur de votre corps devient une lumière visible, dites :

« Je baigne toujours dans cette belle lumière si claire, une lumière douce et fraîche... Je sens un souffle frais sur mon corps... Un souffle frais parcourt ma peau, comme si tous mes pores s'ouvraient, mon corps devient une grande antenne, en relation avec le cosmos... Je suis réceptif... Je perçois la vibration du monde qui m'entoure, je suis en harmonie avec le champ vibratoire de l'univers... Dans ce champ vibratoire j'ai accès au Temps... Je peux retrouver les annales akashiques, le lieu où sont stockées toutes les mémoires de l'univers...

« Je sens mon corps vibrer... Mon corps qui est matière, mon corps qui est vibration... Je ne suis qu'un élément du monde... Je suis une partie du monde, en relation avec le monde, en harmonie avec le monde... en harmonie avec moi-même… Je retrouve l'intuition de nos lointains ancêtres… Ma vision va se préciser, mon ouïe va se développer… Ma peau capte et comprend ce qui m'entoure… Je baigne dans la conscience cosmique… Ma conscience s'élargit, ma conscience touche la vibration du cosmos… Je me sens immense, immense… libre… baignant dans la lumière du monde… Baignant dans la beauté du monde… »

« Je suis prêt, maintenant… Je me dirige avec confiance vers cette brume lumineuse, non loin de là… Je suis libéré de mon corps, je flotte au-dessus de mon corps, je suis merveilleusement libre pour aller explorer mon passé ignoré. Je vais découvrir ce qu'au fond j'ai toujours su… Peu à peu cette brume se dissipe… »

Les quatre phases

À ce stade, que se passe-t-il ?

Des images du passé apparaissent. Elles peuvent être très nettes, et vous pouvez retrouver, si vous êtes bien relaxé, en état d'auto-hypnose, un morceau d'une vie antérieure. Dans l'état sophro-liminal, les souvenirs fonctionnent comme lorsque l'on va mourir, en accéléré. Vous pouvez parcourir plusieurs années d'un coup, en allant d'un événement à un autre, ou revoir des scènes de votre vie quotidienne.

Si vous ressentez des sensations et que vous ne parveniez pas à voir des images, les souvenirs sont en train de remonter. Continuez en restant relaxé, les yeux fermés. Concentrez-vous sur un détail, puis élargissez votre champ de vision.

De même, si vous êtes bloqué,
si vous ne parvenez pas à vous exprimer,
posez-vous des questions de ce genre :

- Où suis-je ? Quelle est ma couleur de peau ?
- Mon physique : grand, petit, gros, souple, dur ?
- Comment est le climat : chaud, froid, tempéré ?
- Comment est le paysage : désert, mer, forêt, ville, village, campagne, vallée, falaises, montagne ? ...
- Que suis-je en train de faire : je regarde mes mains. Un bijou, un objet s'y trouve-t-il ?
- Je lève la tête : qu'est-ce qui m'entoure ? Suis-je un homme ou une femme ? Quel âge ai-je ? Nourrisson, enfant, adolescent, jeune, adulte, vieux ? Des amis, des parents, des gens se trouvent-ils près de moi ? À quelle époque se situe cette existence ?
- Pour préciser vos sensations, utilisez les couples de mots suivants : agréable ou difficile ? dur ou doux ? froid ou chaud ? lourd ou léger ? vivant ou inerte ? aigu ou grave ? lisse ou rugueux ?

LES QUATRE PHASES SONT LES SUIVANTES :

Vous ne ressentez rien, ne voyez rien

Ce n'est pas bien grave. Ne vous forcez surtout pas à voir quelque chose. Parfois, quelques images ou sensations floues peuvent vous intriguer.

Apprenez à vous relaxer, laissez-vous aller, soyez disponible pour ne pas juger ce qui surgit. Essayez au moins quatre fois par semaine, en utilisant les diverses techniques indiquées.

L'imaginaire prend le relais

À ce stade, vous avez toutes les chances de vous voir sous les traits d'un grand personnage, d'un prêtre atlante travaillant sur le cristal, d'un prêtre égyptien, d'une prêtresse initiée aux rites de la déesse-mère. Votre imaginaire en profite pour satisfaire votre besoin de compensation… Ne vous arrêtez pas sur ces balbutiements presque inévitables. La plupart du temps, ces projections n'ont aucune authenticité. On peut supposer qu'il y avait davantage d'esclaves, de coiffeurs, et de boutiquiers que de prêtres, en Égypte. Ce qui n'exclut pas que, rarement, vous ou une de vos connaissances l'ayez été. Et, s'il fallait prendre au sérieux ces fantasmes, on en déduirait que quatre-vingt-dix pour cent des Atlantes étaient prêtres ! Hélas, plus ces images vous valorisent, moins elles sont significatives. Vous vous en apercevrez à la phase suivante.

Vous commencez à vous souvenir

Les images deviennent précises, vous décrivez assez bien ce que vous faites et ce qui vous entoure, en restant un peu extérieur. Vous découvrez des vies charmantes, des vies ordinaires, des vies difficiles. Mais l'émotion reste en surface, comme lorsque vous racontez sans vraie conviction vos dernières vacances à un collègue.

Vous revivez vos vies antérieures

Elles sont chargées d'une émotion souvent grande. Elles revêtent le même caractère d'authenticité qu'un souvenir important, une dispute, un mariage, un examen, une naissance. Vous revivez vos sensations. Vous êtes ces sensations. De nombreux détails affluent, riches et colorés. C'est en ce moment que vous vivez ce qui vous arrive.

C'est la raison pour laquelle je déconseille de manière absolue aux cardiaques, aux hyper-émotifs de revivre leur passé. Le danger pour eux est réel. De même, les personnes très sensibles doivent, au moins au début, le revivre en compagnie d'un(e) ami(e), après avoir appris à maîtriser la technique de l'aller et retour.

Il existe une autre phase, que vous pouvez rencontrer à tout moment :

C'est la phase de négation. Vous niez ce que vous ressentez, vous prétendez qu'il s'agit de pur imaginaire, et vous en arrivez parfois à oublier vos souvenirs.

En général, cette phase se produit lorsque l'on s'aperçoit que les vies antérieures sont une réalité. Peut-être certaines certitudes sont-elles difficiles à remettre en cause ?

Peut-être devient-il évident qu'il va falloir changer quelque chose dans sa vie, et que cela demande un effort ?

Dans ce cas, n'ayez aucune inquiétude, il vous sera facile de revenir à vos anciennes opinions. Vous ne serez ni le premier ni le dernier à effacer sa mémoire. L'important, c'est que vous le viviez bien.

Avec une personne de confiance

Si quelqu'un est avec vous, c'est bien sûr lui qui vous posera les questions, en les faisant suivre d'un silence suffisamment long, qui permette à votre esprit de ramasser les souvenirs. Ce silence peut durer deux ou trois minutes, voire davantage si votre partenaire sent que vous allez parler, si vous vous agitez, si des sensations traversent votre corps.

La personne de confiance joue le rôle du maître, du guide, du protecteur. Elle ne vous influence en aucun cas, ne vous suggère aucune image, et se contente de poser des questions neutres : Où es-tu ? Seul ? Avec qui ? Que fais-tu ? Dehors, ou à l'intérieur ? Comment es-tu habillé ? Comment te sens-tu ? Qu'entends-tu ? Etc.

Bien entendu, pour que la relation de confiance grandisse, il est indispensable d'alterner. Une fois vous êtes celui qui se relaxe, la fois suivante vous tenez le rôle du protecteur, dont la présence garantit que tout se passera bien. Les couples en bisbille doivent s'abstenir d'entreprendre cette recherche en commun, qui peut ajouter à leurs troubles psychiques. En revanche, aux couples harmonieux, cela apportera une plus grande sérénité, une meilleure compréhension, dans le partage d'une expérience très enrichissante.

À vous de sentir si vous préférez vivre cela avec un homme ou une femme, et avec qui. Sans doute dans votre entourage, une ou deux personnes maximum seraient capables de rester à côté de vous, en se taisant la plupart du temps. Ne choisissez surtout pas quelqu'un de bavard. Aucun commentaire pendant la séance !

Il est indispensable de ne pas distraire l'esprit, qui se trouve en apesanteur sur un autre plan du temps. Je le répète – c'est très important – celui qui fait office de guide ne doit en aucun cas intervenir. Il doit être complètement effacé, au service du « pionnier du passé ». Neutre, objectif, restant sans réaction pendant la séance. Ni soupir, ni mouvements brusques, et encore moins d'interjections, qui risqueraient de provoquer des troubles psychiques, ou d'interrompre brutalement les réminiscences. Il doit contrôler sa voix pour ne laisser transparaître aucune émotion, quelles que soient les circonstances de la vie passée. Avec un peu d'entraînement, c'est tout à fait accessible.

Voilà une technique pour l'y aider :

« Je me trouve à côté de (citer le nom de la personne, la décrire physiquement, indiquer son âge), mais c'est son âme qui m'intéresse. Son âme va partir à la rencontre de son âme éternelle... En touchant son âme, (prénom de la personne) va comprendre d'où proviennent ses problèmes, apprendre à les régler, utiliser la puissance qui sommeille en lui/elle. Pour ne plus subir une vie médiocre, alors que son talent ne demande qu'à s'épanouir (ou bien : ses sentiments, sa vie professionnelle, spirituelle...). Maintenant (nom de la personne) va découvrir une précédente incarnation... »

Si vous êtes seul, vous devez vous-même vous poser – mentalement – les questions indiquées, avec l'avantage de n'être pas gêné par une présence. S'il vous arrive de subir un moment de terreur, ne craignez rien. Vous allez apprendre des moyens pour riposter, différer l'émotion, l'apprivoiser, et même suspendre la rétro-progression.

Dans tous les cas, n'interrompez jamais une vie antérieure sans en rapporter quelque chose : un symbole, une compréhension, un message, un enseignement, un cadeau, une réponse à une question, une explication sur un de vos comportements. C'est ainsi que vous progresserez rapidement.

Précisons que cette technique ne s'applique pas aux enfants. Il est déconseillé aux parents d'explorer le passé de leurs chérubins, même si c'est très tentant ! Nous y reviendrons.

Variante : l'aller et retour

Vous l'aurez compris, on ne retrouve pas toujours ses vies antérieures instantanément. Les personnes ayant appris cette technique peuvent entrouvrir une fenêtre sur leurs vies antérieures, sans s'engager tout à fait. Il convient en ce cas de faire des aller et retour entre le présent et le passé, se contentant au début de quelques images. Bien entendu, inutile de tirer des conclusions hâtives de ces images. Cette technique aide à se rassurer, puisque vous apprenez à maîtriser le voyage dans les deux sens. Après six à dix aller et retour, vos appréhensions s'évanouiront.

Une fois votre corps détendu, dites :

« L'air qui entre et sort de moi est lumineux… Je m'apprête à quitter mon corps actuel pour partir dans le passé, je vais partir dans le passé puis revenir dans la vie présente, je sais que je pourrai toujours revenir au présent quand je le désirerai. Je sens que je m'éloigne du présent, je me dirige vers le passé. Ce que je vais voir aura la consistance des événements déjà vécus. Je suis ici et là-bas, intérieur et extérieur, aujourd'hui et hier…

« Il fait assez sombre autour de moi, mais j'aperçois une lumière, au loin. Je me dirige vers cette lumière, je n'ai aucune entrave physique, je me déplace comme je veux, vers cette lumière… Je vais ouvrir le flacon de la mémoire. Je vais sentir, voir, éprouver, entendre, comprendre les paroles… Les souvenirs vont se raviver, le brouillard de l'oubli va se dissiper… Je me sens bien, à l'abri, protégé… disponible pour revivre ce qui va venir… sans sélectionner, sans juger, sans censurer… simplement revivre… »

« Je sais que je pourrai revenir quand je le souhaiterai, tranquillement… Je suis serein, détendu… Libre… J'entre maintenant dans cette lumière accueillante… »

Demandez alors si quelqu'un s'y trouve. Il se peut aussi que ce soit un objet, un animal ou un paysage.

Les questions à poser sont celles-ci : « Qui es-tu ? Qu'est-ce que c'est ? »

Vous entrez en communication avec cela. Il fait complètement jour maintenant…

Variante : la quête spirituelle

Les personnes habitées par la spiritualité souhaitent, bien sûr, retrouver leurs vies antérieures selon un éclairage plus mystique. Leurs vies passées étant très nombreuses, elles souhaitent se remémorer surtout les existences en rapport avec le progrès spirituel.

Comme l'explorateur sait qu'il veut découvrir un monde, même s'il ignore lequel, on peut s'efforcer de retracer l'itinéraire spirituel de son âme.

Voici une technique appropriée :

Après vous être relaxé, avoir senti votre respiration, puis vu la lumière de votre souffle :

« Au cours de ma vie présente, j'ai été adolescent, enfant, nourrisson, fœtus, embryon. C'est à ce moment-là que mon âme s'est incarnée. Dans cette vie, j'ai connu bien des transformations. Quand je regarde des photos de mon enfance, je regarde un être si différent de moi… De même, mon âme a connu bien des incarnations au cours des siècles… Mon âme est immortelle, comme mon corps éthérique, qui se perpétue à travers la matière. Je vais me laisser guider par ce corps immortel, éternel dans le futur, éternel dans le passé… Je suis comme l'air, j'entre et sors…

« Les barrières de la matière s'effacent… Mon corps astral (corps d'énergie) se détache de mon corps physique… J'abandonne provisoirement mon enveloppe, sachant qu'elle est protégée par une bulle de lumière qui m'appartient, dans laquelle nul ne peut pénétrer… Mon corps astral se laisse attirer par les vibrations cosmiques, je suis attiré(e) par la lumière divine. Dieu va me permettre de voir une vie passée, pour aider mon âme à évoluer et voir sa lumière…

« Du plus profond de moi, je désire progresser, devenir meilleur(e), atteindre un plus grand niveau de conscience, afin de me sentir mieux… Je rapporterai de cette vie passée un enseignement qui me permettra d'aider mon prochain… Je m'engage à ne jamais faire un mauvais usage de ce que j'aurai appris, sachant qu'en ce cas je perdrai mon pouvoir et subirai un retour d'ondes négatives. Je vais puiser dans le passé le courage de rester bon, honnête, sincère…

« Mon corps immortel se dirige vers la lumière de l'éternité, qui est comme le miroir divin où sont gravées mes existences passées… Maintenant, je pénètre dans cette lumière. J'entre dans la lumière divine, afin que me soit révélé un secret venu du fond des âges… Quelqu'un m'attend dans cette lumière, quelqu'un qui désire m'accueillir, et m'aider à continuer ma progression… »

Pour ceux qui ont du mal à se relaxer

Il s'agit le plus souvent de personnes élevées dans une atmosphère où la spontanéité était interdite, où il fallait dissimuler émotions et sentiments. Il leur est devenu difficile de ressentir, car elles n'en n'ont pas l'habitude. On leur a appris à ne pas pleurer quand sonnait l'heure du chagrin ou du deuil, à ne pas exprimer leur joie à l'heure du succès ou du bonheur. Leurs manifestations d'affection étaient réprimées. L'enfant court vers sa mère, celle-ci le repousse : « Ah, tu ne vas pas recommencer, tu vois bien que je suis occupée ! » Quant au père, ses tâches sont bien plus importantes que ce que voudrait partager l'enfant…

Si vous êtes l'une de ces personnes, cette technique vous aidera :

- Plusieurs fois par jour, concentrez-vous quelques minutes sur votre respiration, et sentez l'air entrer et sortir au-dessus des lèvres.
- Sentez votre souffle se matérialiser, en exagérant, au début, inspiration et expiration, puis en respirant normalement.
- Sentez le déplacement de l'air qui pénètre en vous et en sort.

Lorsque vous le sentirez bien, allongez-vous comme indiqué, puis percevez votre visage :

- Les joues, le front, les yeux, les oreilles, le sang qui circule.
- Sentez votre sang qui bat.
- Concentrez-vous sur la langue, sentez la pression sur les dents ou le palais.
- Lorsque vous sentirez bien votre visage, continuez l'exercice, en descendant en surface, sur le milieu du corps.
- Descendez du sommet du crâne vers le troisième œil (deux centimètres au-dessus du milieu des sourcils), puis le nez, la bouche, le menton, la pomme d'Adam, la ligne entre les côtes, le nombril, le pubis.
- Faites cet exercice jusqu'à ce que vous parveniez à bien sentir la surface de votre corps. Ensuite, sentez en profondeur la chaleur de votre corps, jusqu'au ventre. Puis reprenez l'exercice en partant des pieds.

Quelques semaines vous suffiront pour progresser dans vos perceptions, qui vous ouvriront d'ailleurs de nouvelles perspectives dans vos relations avec autrui : vous aurez plus de facilité à ressentir ce que ressentent vos amis, relations et proches ; et votre communication se trouvera épurée. À un stade ultérieur, quand vous serez capable de « devenir » votre corps instantanément, vous pourrez remonter la voie des chakras (centres d'énergie). Sentez votre ventre, sentez le chakra-racine à la base de la colonne vertébrale, celui du sexe, puis celui du nombril, du cœur, de la gorge, du front et du sommet du crâne. Vous aurez peut-être la chance d'éveiller le Kundalini, serpent d'énergie qui ouvre sur le ciel. Si certains passages de ce livre vous semblent « du chinois », reprenez-les dans quelques mois. Il y a fort à parier que vous en comprendrez toutes les nuances.

Autre technique : la circulation sanguine

Concentrez-vous sur la circulation sanguine. Avec un peu d'entraînement, il vous sera possible de sentir battre votre pouls, puis le sang circuler dans les artères.

« Je pense à mes mains... Je sens le sang battre dans mes poignets... Mes mains... Mes doigts... Le sang dans mes bras... Dans ma tête, dans mes joues... Je sens la chaleur de mon sang, qui circule en moi, répandant la vie dans mon corps... Je sens le sang dans mes épaules, mon cou, ma nuque... Mon buste, ma poitrine... Mon ventre... L'énergie circule dans mon ventre (1), le bassin... les fesses... Le sang circule dans mes cuisses... mes jambes... mes pieds... »

Peu à peu, vous sentirez les flux d'énergie qui animent votre corps. Essayez de devenir ces flux d'énergie ; ces courants forment une part de vous, ces courants sont vous. Vous apprendrez à circuler à l'intérieur de vous-même, à vous déplacer d'un point à un autre. Lorsque vous souffrirez de maux de tête ou de ventre, il vous deviendra possible de pénétrer en profondeur dans votre corps, et d'atténuer la douleur, voire même de la supprimer. Cela peut vous sembler extraordinaire, ou même surréaliste, mais, en général, nous ne pensons pas à notre corps, sauf en cas de douleur ou de joie. Nous n'avons pas besoin d'y penser, en fait. Mais la rage de dents ou l'état amoureux nous interpellent. Ce processus provoqué par un stimuli physique ou émotionnel peut l'être de l'intérieur, volontairement. Lorsque vous serez maître de cette technique, elle vous aidera à vous sentir à l'aise dans les circonstances délicates.

(1) Attardez-vous longuement sur votre ventre. Pour les Grecs, l'émotivité se situait dans les entrailles. On dit encore « parler avec ses tripes, avoir des tripes ». En fait, le siège de vos sensations se situe entre le cœur et les entrailles. Si vous savez détendre votre ventre, le reste vous deviendra facile.

Technique de la tension

S'il vous est difficile de vous détendre, pratiquez ainsi :

- À demi allongé sur un fauteuil ou un canapé, vous allez tendre vos muscles les uns après les autres, puis les détendre. Vous tendez vos orteils, les relâchez, puis le pied, la plante, le mollet, les muscles des jambes, des cuisses, etc. Tendez-les plusieurs fois mollement, puis assez fortement, et détendez-les. Lorsque vous aurez parcouru la totalité du corps, y compris les joues, le menton, le front, recommencez par les pieds en sentant leur chaleur, puis détendez chaque partie de votre corps.

Lorsque vous parviendrez à une relaxation complète sur un fauteuil, passez à la position allongée.

Technique du compte à rebours

Les hypnotiseurs comptent souvent de 10 à 0.
Au moment où vous partez vers la lumière blanche, votre guide va compter à voix haute, ou vous-même, mentalement :

« Je vais me diriger vers cette lumière...
10... Rien ne peut m'arriver...
9... Je suis protégé...
8... Je m'en approche... Je vais découvrir quelque chose ou quelqu'un...
7... qui m'attend...
6... Les souvenirs du passé vont jaillir...
5... Je suis très près de cette brume lumineuse...
4... Elle commence à se dissiper...
3... Je m'enfonce dans cette lumière...
2... Je m'enfonce dans le passé...
1... ça y est, j'y suis... »

L'œuf de couleur

Au calme, vous allez fermer les yeux et visualiser une couleur qui vous attire, celle qui deviendra votre couleur personnelle.

- Évitez le rouge et bannissez le noir. Choisissez plutôt le jaune, orange, vert, bleu, une nuance particulière, agréable. Par exemple, un vert tendre, un bleu pastel, un bleu profond, une lumière orangée ou mauve... Vous reconnaîtrez cette couleur comme vôtre au moment où, en la visualisant les yeux fermés, elle vous procurera une sensation de bien-être.

En relaxation, lorsque vous atteindrez le moment où votre corps est immergé par la lumière, laissez votre couleur personnelle vous envahir, en dépassant votre corps de vingt à cinquante centimètres. Cette couleur vous protégera de toute influence extérieure durant votre expédition. Elle vous sera utile pour vos rétro-progressions, pour vos voyages astraux, mais également pour vous aider à approcher la sérénité. À la longue, il vous sera possible de vous plonger instantanément dans cet œuf de couleur, lorsque vous serez en public par exemple, gêné, intimidé, mal à l'aise, etc. Vous éprouverez une détente immédiate.

La visualisation

Sachant que nous créons notre réalité, apprenez à vous défendre, avant de rétro-progresser. Souvenez-vous des situations difficiles de votre vie présente. Puis imaginez les différents moyens de défense qui étaient possibles. Visualisez-vous en train de vous défendre. Lorsque vous serez maître de cette technique, vous ne craindrez plus de subir des influences néfastes durant vos rétro-progressions.

Cette technique s'utilise également pour lutter contre les cauchemars. Quand vous rêvez, ne fuyez jamais, affrontez toujours le danger. Les problèmes que vous pouvez rencontrer durant votre activité nocturne viennent, pour la plupart, des traumatismes de l'enfance ou du passé, des interdits, inhibitions, etc. Par exemple, vous redoutez de monter sur une mobylette. En rêve, vous tombez, ou une catastrophe se produit quand vous désirez l'engin. Peut-être, tout petit, avez-vous été témoin d'un accident, en avez-vous entendu parler lorsque vous étiez affaibli (fiévreux, malade, triste), ou bien avez-vous associé le mot mobylette avec un mot angoissant. Ou encore, vous avez entendu des cris alors que vous admiriez l'engin, etc. Ou il s'agit d'un traumatisme d'origine karmique.

Ces problèmes sont plus faciles à régler qu'on ne le croit. Peu importe leur origine : ce que tout le monde arrive à faire, vous le pouvez. Pour régler ce problème, visualisez-vous en train de monter sur une mobylette, éprouvez d'avance votre joie, la sensation de vitesse, le regard amical des autres se posant sur vous, etc. Puis promettez-vous de réussir dans le rêve, même si vous devez vous y reprendre à plusieurs fois. Des modifications interviendront aussitôt en votre faveur. Au bout de quelques mois, vous constaterez des modifications dans votre comportement (1).

Les rêves peuvent aussi vous fournir des éléments provenant de vos vies antérieures. Si vous rêvez à des scènes historiques, de manière répétée, sans rapport avec vos lectures ou vos programmes de télévision, utilisez, après la relaxation, ces images comme point de départ. Il y a de fortes chances pour que des souvenirs archaïques surgissent ainsi de votre inconscient.

(1) *La Créativité onirique*, de Patricia Garfield, La Table Ronde.

Comment se présente le passé

Votre passé surgira dans le désordre, sans chronologie. Ce n'est qu'avec l'expérience que vous parviendrez à reconstituer la longue histoire de votre âme à travers ses pérégrinations terrestres. Nos différentes vies sont liées entre elles comme des perles, par une corde d'argent. Dans certains états de conscience éveillée, il est parfois permis d'en contempler la splendide enfilade, comme la Voie lactée sur le cosmos.

On peut remonter avant la préhistoire, quand l'homme était encore presque un singe, et arriver jusqu'à l'époque contemporaine.

Certains se demandent même s'il ne sera pas possible d'aller filmer le passé (1).

Jusqu'à présent, seuls les reliquats des civilisations anciennes sont accessibles, uniquement par les monuments et les écrits.

On ignore presque tout du monde : Afrique, Amérique du Nord, Pôle nord, etc. On atteindra peut-être un jour les vraies annales akashiques – où sont gravés tous les événements du monde –, et l'on découvrira dans ces différents pays des sages comparables à Bouddha et Confucius, mais aussi des civilisations très avancées, insoupçonnées.

Ce sera une amélioration de la culture mondiale, surtout concernant l'Afrique, berceau du premier homme, et les civilisations du continent américain.

---

(1) *Science et Avenir*, n° 859, avril 1989.

La traversée du ventre

En parachutisme, le sauteur qui replie instinctivement les jambes au moment de toucher terre fait ce qu'on appelle un « refus de sol ». Il risque de se les briser, et il est indispensable de reprendre une position fléchie pour mieux amortir le choc. Croyant se protéger, on augmente les risques. Il en va de même pour les vies antérieures. On peut être tenté d'esquiver certaines situations. Certaines personnes ont beaucoup de mal à traverser le ventre maternel pour atteindre les vies précédentes. On est alors persuadé que les souvenirs du ventre maternel sont si désagréables que l'on ne veut surtout pas y retourner ! Certains, parmi lesquels des psychanalystes, affirment à l'inverse que nous avons tous la « nostalgie du fœtus », et que nous souhaitons retrouver l'ambiance douce et chaude du liquide amniotique. Il n'en est rien, hélas ! Certaines mères sont extrêmement stressées, fument deux paquets de cigarettes par jour, supportent mal leur solitude, ou vivent avec un homme qu'elles n'aiment pas, ou encore sont révoltées par la perspective d'avoir un enfant qui va les « encombrer ». Tout cela, le fœtus le sait, dès les premières semaines. Ses perceptions sont extrêmement développées. Comme il n'a pas encore la possibilité de rationaliser, il est obligé d'être très attentif à ce qui se passe à l'extérieur. Sa survie en dépend, même s'il reste bien désarmé [(1)]. On peut parfois subir un « refus de ventre », c'est-à-dire refuser de retrouver les souvenirs des mois d'avant la naissance. C'est dommage, car, une fois ce cap passé, vous irez beaucoup plus vite dans votre exploration. Et puis, c'est absolument sans danger.

(1) Voir *Le bébé est une personne*, de Bernard Martino, Balland, et les ouvrages de Françoise Dolto, notamment : *La Cause des enfants*, Laffont ; *Lorsque l'enfant paraît*, Seuil.

Technique pour traverser le ventre

Une fois relaxé, retrouvez un souvenir de vos quinze ans.

- Attardez-vous pendant au moins un quart d'heure. Souvenez-vous du prénom de vos camarades, de vos préoccupations d'alors, des vêtements que vous portiez.
- Puis retrouvez un souvenir de vos dix ans. Quelle scène vous a marqué ? Revivez-la au présent, en parlant toujours à voix haute.
- Si vous sentez que l'émotion cherche à jaillir, laissez-la s'exprimer. Chantez, criez, pleurez, parlez fort si vous en avez envie. Ne vous censurez pas. Ne jugez pas ce que vous êtes en train d'évoquer.
- S'adresse-t-on à vous ? Qu'est-ce qui vous entoure ? Que vous veut-on ? Que ressentez-vous ? Dites ce que vous avez sur le cœur. Lorsque vous aurez exploré un souvenir, arrêtez la séance, lentement, en reprenant conscience de votre environnement.

Une autre fois, retrouvez un souvenir de vos quatre ans.

- Dans quelle ville vous trouvez-vous ? Climat, décor des rues, paysage.
- Que s'est-il passé ce jour-là ?
- Vous sentez-vous aimé ? Aimez-vous quelqu'un ? Détestez-vous quelqu'un ? Êtes-vous plein de joie, ou plein de fureur ? Vous ennuyez-vous ? Où sont vos parents ? Que font-ils ? Qu'êtes-vous en train de faire ?
- Certains jours peuvent vous servir de repères : rentrée des classes, vacances à la campagne, anniversaires, visites de proches… Parlez au présent, à voix haute.

Lorsque vous aurez revécu un souvenir précis, arrêtez la séance, pensez à autre chose. Ne tirez les conclusions que le lendemain. Important : ne faites rien qui ait un rapport avec ce que vous avez éprouvé. Ne vous jetez pas sur le téléphone pour raconter la scène à une amie. Laissez le souvenir mûrir, trouver sa place à la surface de la mémoire.

La fois suivante, vous allez pouvoir remonter dans le ventre de la mère. En général, cette technique permet de retrouver des vies plus récentes, parfois même celle qui a précédé notre naissance.

Cette traversée du ventre n'est pas indispensable, mais sur le plan thérapeutique les résultats sont excellents. Il se peut que vous basculiez directement dans une vie antérieure. Dans ce cas, bien sûr, restez-y, et tentez de revenir ultérieurement dans le ventre maternel. Cela vous permettra de revivre votre naissance, et beaucoup de vos idées s'éclaireront d'un jour nouveau.

Plutôt que de subir éternellement la haine de sa mère, de la haïr bien qu'elle fût morte depuis cinq ans, Jocelyne entreprit ce voyage. Âgée de trente-quatre ans, profession libérale, pleine d'énergie, aimant le contact humain, elle a suivi une psychanalyse durant quatre ans, qui a profondément modifié sa vie. Pourtant, elle dut s'y reprendre à trois fois. Jamais, au cours de l'analyse, elle n'avait accepté de retrouver les sensations du fœtus.

« Je suis bien. On mange bien, on est protégé. On pulse, on pulse par le nombril. On sait qu'il y a un monde à l'extérieur. Ça ne va pas à l'extérieur, ma mère est très tendue... »

Jocelyne commence à trembler de tous ses membres.

« Elle monte un escalier, sale, elle se rend dans un appartement dégueulasse, ma mère est épuisée, groggy, mon père n'est pas là, je suis groggy, on m'a droguée ! Elle m'empoisonne ! Elle s'est bourrée de médicaments, c'est horrible, je suis groggy ! »

Jocelyne se débat furieusement sur le canapé.

« Quelque chose est introduit... Un visage de femme, horrible, penché sur moi ! NON ! »

Hurlements.

« Elle essaie de me tuer ! »

Elle hurle encore.

« Elle va encore essayer ! Elle ne m'aura pas ! »

Rire dément, hystérique, plein de haine et de mépris.

« Je n'ai plus peur ! La femme horrible dit que je suis trop bien accrochée. Elle n'y arrive pas ! »

Elle rit plus calmement.

« Elle arrête. Ma mère lui parle. Elles ont raté leur coup ! J'ai gagné, j'ai gagné ! »

Elle se détend d'un coup, respire paisiblement, se lève, fait littéralement des bonds de joie.

« J'ai gagné, j'ai gagné, répète-t-elle. Je suis vivante ! »

Enfant unique, elle n'a pas été désirée. Elle avait entendu, dans son enfance, des rumeurs sur un avortement qui avait échoué. Même si sa mère avait toujours démenti, Jocelyne en avait toujours eu la conviction.

Elle est née, comme elle dit, « en détestant sa mère ».

« Toute petite, je la détestais déjà. Je lui en voulais secrètement de ne pas m'aimer vraiment, d'avoir tenté de me massacrer. J'ai toujours eu une peur bleue de l'avortement.

La vue d'une aiguille me rend malade. Je ne couds pas, ne tricote pas. Qu'on ne compte pas sur moi pour donner mon sang...

C'était une sorte d'aiguille, ou de tige de métal, qui essayait de me transpercer.

Je me recroquevillais, mais sans pouvoir leur échapper.

Je me suis réfugiée à l'autre bout du ventre... »

Quelques jours plus tard, cette intense émotion était assimilée. La charge libérée avait favorisé la catharsis. Jocelyne pardonna à sa mère, par-delà la mort. Depuis trois ans déjà, elle n'a plus jamais éprouvé de haine, pour personne.

Les fœtus sont désireux de naître, pour apprendre.

On ne connaîtra jamais de suicide de fœtus, même si parfois, empoisonné ou déçu par le souci et le chagrin de sa mère, il choisit de se détacher...

Soulignons au passage l'importance du rôle du père durant la gestation.

Le père qui continue à faire l'amour durant les premiers mois de grossesse fait connaissance avec son enfant.

Rendant la mère heureuse, il rend le fœtus heureux, et établit avec lui une durable complicité qui atténuera grandement les problèmes œdipiens.

**À l'opposé, Frédéric a vécu
un moment splendide dans le ventre maternel.
Vingt-huit ans, informaticien, célibataire.**

« Je me sens formidablement bien ! Je flotte. Cela me rappelle mes vacances en Grèce, lorsque je faisais la planche dans l'eau. Il fait bon. Tout est calme. Parfois, j'entends de la musique. Ma mère me passe des berceuses, des rondes enfantines, et de la musique classique. Elle va souvent dans un grand jardin. C'est drôle, j'ai l'impression de voir moi aussi les arbres, les statues, la fontaine... C'est le printemps. Parfois, mon père est là. Il parle de moi. Il demande quand je vais sortir. Je sais que le moment approche, mais je ne suis pas trop pressé, je suis si bien... Tout le monde est très gentil.

« Quand ma mère a un peu froid, elle se couvre le ventre. Le soir, papa chuchote. Il dit des choses gentilles à maman. Sans se douter que j'entends tout ! Je trouve ça formidable, j'aimerais que ça dure... Maintenant, je dois sortir. C'est un peu difficile, mais maman pousse de toutes ses forces. Papa n'est pas là. Papa, pourquoi n'es-tu pas venu ? Je remue la tête, je force, il fait terriblement chaud, je suis moite, je me sens nu, comme si le liquide ne m'entourait plus.
Je vois de la lumière. Je sais que l'on m'attend dans cette lumière.
Je vois des mains couvertes de caoutchouc qui s'approchent, me prennent, m'aident. Maman !
Elle me prend contre elle, m'embrasse, elle pleure...
Elle me dit qu'elle m'aime, que c'est le plus beau jour de sa vie... Elle me pose sur sa poitrine, je tète, c'est bon... Papa arrive, il n'ose pas me toucher, il me dit que je suis magnifique, un beau garçon... »

L'expérience de Peter, dix-neuf ans, est encore différente.

« Je me sens comme un poisson. On dort comme on veut. J'ai envie de dormir trois mois. De temps en temps, je me réveille. J'entends des voix indécises. Celle que j'entends le mieux est celle de ma mère. Parfois je crois que c'est moi qui forme ces sons. Le moment de sortir me semble trop long. Ma mère est debout. Elle s'allonge. J'entends mon père rouspéter, d'une voix assez forte. La lumière me semble rouge ou orange. Des fois, tout est noir. Je suis pressé que le cordon soit coupé, il me gêne. J'ai un peu peur de sortir à cause du cordon. Il s'enroule autour de mon cou, j'ai peur d'étouffer. Ça me gêne d'être accroché par le nombril. Enfin je vais pouvoir sortir, je me dépêche. Je vois une lumière blanche, je sors le plus vite possible. Tellement vite que j'ai l'impression d'avaler ma langue, d'étouffer. Enfin je me sens libre. »

Après avoir revécu ce grand moment, si les relations sont bonnes avec votre mère, vous pouvez lui demander comment elle a ressenti son accouchement, quelle était l'ambiance à la maison, le temps qu'il faisait ce jour-là, son état d'esprit, combien d'heures cela a duré, si elle a souffert ou non, etc. Les mères vivent un moment intense en mettant un enfant au monde, mais, curieusement, elles ont rarement l'occasion d'en parler en profondeur avec l'autre principal intéressé ! C'est pourtant fondamental. Sur ce point comme sur les autres, la bienveillance vous aidera à utiliser votre potentiel karmique. À l'échelle de votre âme, à quoi bon en vouloir à vos parents d'aujourd'hui, les assommer de reproches ? Ce sont des êtres humains. Ils n'ont pas toujours été maîtres d'eux-mêmes, ne savaient pas toujours vous donner l'amour que vous espériez... Qui le peut ?

Manifestations physiques

Au début, les manifestations qui annoncent le passage dans une vie antérieure peuvent s'apparenter à la transe.

- Certaines personnes ressentent une sensation d'écrasement, comme au décollage d'un avion.
- La tête devient pesante, difficile à soulever.

Diverses sensations peuvent se produire :

- Froid, chaleur.
- Les gestes deviennent désordonnés, accompagnés parfois de tremblements.

À d'autres moments, ce sera l'inverse :

- Sensation de paix, sérénité, joie.
- Les paupières sont parfois animées de mouvements oculaires rapides (M.O.R.) comme lors des rêves.

Ces manifestations physiques sont toujours signe que les souvenirs se fraient un chemin à travers le labyrinthe de la mémoire. Ne les refrénez pas. N'essayez pas de vous « tenir bien ». Laissez votre corps s'agiter, en gardant les yeux fermés, et en laissant les émotions sortir. Autant il est souhaitable de réduire les tensions durant la relaxation, autant il faut au contraire les vivre à fond durant les remontées.

Vous pouvez être agité d'un mouvement ondulatoire, lorsque vous vous mettrez sur la fréquence vibratoire du monde. Vos gestes se synchroniseront avec la longueur d'onde cosmique. Vous serez la vague dans l'océan, le vivant dans le fleuve du vivant.

Aide à l'orientation

Cette méthode suit la séance de relaxation. Elle facilite la préparation psychique des premières expéditions. Après tout, il n'est pas si facile de rentrer du bureau ou de l'atelier, de préparer le repas, de coucher les enfants et de plonger instantanément dans ses vies antérieures !

Ces diverses techniques sont destinées aux « débutants ». Lorsque vous saurez revivre vos souvenirs, vous vous en passerez. Ce test d'orientation sera également indispensable aux personnes un peu inhibées, qui oublient facilement les événements de leur vie présente. Cela permet de se défaire des préjugés. Vous constaterez bien souvent qu'une évocation de ce type fera surgir quelqu'un ou quelque chose de différent. Ces stimuli servent à susciter les réminiscences du passé. Tant de préjugés entachent la recherche spirituelle en Occident que vous hésiterez même à croire ce que vous ressentez. N'ayez aucune inquiétude, personne ne vous demande de croire quoi que ce soit, et encore moins de renier votre foi. Contentez-vous d'observer ce qui se passe. Vous ferez vite la différence entre vos vraies vies passées, et des fantasmes superficiels. Pour vous orienter, laissez germer les graines du souvenir.

Technique du personnage

Avant de commencer, sans penser à quelqu'un de précis, imprégnez-vous durant quelques secondes des mots suivants :

- Commerçant… soldat… esclave… danseur… musicien… prêtre, prêtresse… paysan… ménagère…

Sur le nombre de vies passées, vous avez été au moins l'un de ces personnages. L'évoquer peut faire retrouver la mémoire d'une scène, les souvenirs s'attirant magnétiquement par types de stimuli. Peu importe si vous ne trouvez rien les premières fois. Ne soyez pas pressé. Ce qui importe, c'est l'authenticité.

Technique du paysage

Prononcez à voix haute les mots suivants :

- Campagne... forêt... tunnel... terre... mer... clairière... rivière... monastère... chemin... escalier... monde primitif...

Comme il y a de fortes probabilités que vous ayez rencontré l'un de ces lieux au cours de vos vies passées, cela va effacer les épaisses couches d'amnésie. C'est en quelque sorte un billet de voyage, une transition. Mais, bien sûr, ne restez pas bloqué sur ces mots. Laissez-vous toujours guider par ce que vous voyez et ressentez. La priorité doit toujours rester aux images spontanées. Si par exemple vous pensez « forêt » et qu'une montagne apparaît, c'est la montagne qui est juste.

Au fur et à mesure de l'approfondissement de vos recherches, vous rencontrerez l'un ou l'autre de ces paysages. Certains décors vous parlent, comme si vous en gardiez la secrète nostalgie. Pourtant, vous êtes certain de n'y être jamais allé. D'où viennent ces réminiscences, que vous retrouvez parfois en rêve ?

Sont-ce des souvenirs bien enfouis, qui ont joué un grand rôle, jadis ?

Ces impressions sont parfois si fortes qu'elles confinent à la certitude.

Annie (vingt-six ans, coiffeuse) se trouvait en voyage organisé en Bulgarie, quand elle s'écria soudain :
« Nous allons arriver dans un petit palais retiré, nous passons un pont, puis nous allons arriver dans une petite cour carrelée, avec une fontaine. Juste après le virage. »

Étonnement et scepticisme des personnes se trouvant avec elle dans le car. Le véhicule tourna, passa un pont et s'arrêta dans un petit château. Au milieu de la cour carrelée se trouvait une fontaine. Annie y avait vécu deux siècles plus tôt. Elle était alors dame de compagnie d'une princesse.

Lorsque vous éprouvez une impression de déjà connu, fermez les yeux, laissez sortir l'émotion. Incarnez-vous dans le souvenir. Quelles odeurs sentez-vous ? Sous-bois, sable, herbe, fumier, cuisine, fruits, iode ? Quels sons entendez-vous ? Rires, chants, musique, danse, bruits d'établi, circulation ?

Vous seul pouvez le savoir. Vous l'exprimerez évidemment en mots contemporains. Vous constaterez qu'il n'y a aucune difficulté à comprendre le langage des autres époques, la communication passant directement dans le cerveau, qui se contente alors de décoder. Cela prend plus ou moins de temps, selon l'ancienneté de la langue.

Même s'il existe une capacité de traduction simultanée dans le psychisme, beaucoup de concepts peuvent être impossibles à reproduire fidèlement, tant ils peuvent être étrangers à votre culture actuelle. L'inconscient individuel ne se partage pas. Par exemple, il est difficile de faire ressentir à un homme ce qu'éprouve une femme enceinte, ou le goût du sel à quelqu'un qui n'en aurait jamais goûté. Il se peut donc que vous parliez très lentement, car votre cerveau aura plus de mal à exprimer ce vécu antique en termes d'aujourd'hui.

À l'inverse, la différence entre le vécu passé et le vécu d'aujourd'hui n'est pas toujours flagrante. Par définition, beaucoup d'éléments (comportements, choix de vie, pulsions...) présents dans les vies antérieures se perpétuent dans celle d'aujourd'hui. « Depuis la nuit des temps, dit l'âme, je suis. » Depuis la nuit des temps, vous êtes, ils sont, nous sommes.

Technique du temple

La technique du temple est un peu différente. Elle s'adresse aux personnes plus averties sur le plan spirituel.

- Il s'agit d'établir un pont entre celui ou celle que vous êtes aujourd'hui, et les humains dans lesquels vous vous êtes jadis incarné(e). Vous pourrez la pratiquer lorsque vous aurez une question précise à formuler, surtout concernant votre âme. L'aspect thérapeutique demeure, bien entendu, présent.
- Rendez-vous physiquement dans un endroit où vous vous sentez bien (clairière, bord de rivière, etc.). Vous pouvez aussi vous projeter mentalement dans un lieu qui vous a particulièrement plu (château, forêt, plage, colline, appartement, maison, etc.).
- C'est un endroit où vous vous sentez en harmonie avec vous-même. Vous savez qu'il ferait bon y vivre longtemps, et que même en vous contentant d'y passer, une amorce de sérénité vous envahit.

De là, rendez-vous mentalement au temple le plus proche. Ce temple peut être une église, une synagogue, une mosquée, une pagode, une pyramide, un dolmen, ou tout autre lieu où Dieu est loué. Quelqu'un vous y attend, qui peut prendre l'aspect suivant.

Un enfant

Réfléchissez à ce que l'enfant signifie pour vous, dans votre vie. L'enfant qui est en vous ? Le laissez-vous s'exprimer, le brimez-vous ? Très important : aimez-vous l'enfant que vous avez été ?

Répondez, bien sûr, en toute franchise.

Une vestale

Quel est son lien avec votre présent ? Que représente en vous la pureté, la chasteté ? En manquez-vous, voulez-vous la développer ? À vos yeux, faut-il utiliser son énergie sexuelle pour se propulser vers un état supérieur de conscience et frôler Dieu ?

Comment rendre plus agréables vos relations sexuelles ? Qu'est-ce qui, à ce jour, entrave votre épanouissement ?

Un prêtre, une prêtresse

Laissez vivre en vous le Soi, le meilleur de vous-même. Allez à la rencontre de votre prêtre intérieur, celui dont le comportement est toujours juste car il ne nuit jamais à personne. Prenez l'habitude de choisir, parmi vos différentes tendances, la plus noble.

Un esprit non matérialisé

Ce que représente pour vous le monde invisible. Utilisez les forces souterraines. Une partie de vous cherche à s'élever, ne la contrariez pas. Dieu vous veut du bien, peut-être vous envoie-t-il un messager pour vous aider à franchir un cap. Ou bien ce messager vient de vous. Écoutez-le.

Une chose informe malveillante

Ce sont les blocages inavoués qui vous empêchent de progresser spirituellement. N'oubliez pas que toutes les pulsions négatives peuvent devenir des énergies positives, à votre service. Transformez-les.

Un animal

Chien, cheval, oiseau, chat, dragon, licorne, etc. Ce qu'il représente en vous. Ce qu'il souhaite vous enseigner. Que lui offrir pour qu'il vous protège. Vous découvrirez assez vite ce qu'il attend : offrande symbolique, réconciliation avec un proche ou un ennemi, mise en œuvre d'un processus d'évolution…

Pour rester dans le monde animal, il se peut que vous ayez conservé des souvenirs très lointains du temps où vous étiez ce qu'on appelle une « bête », voire végétal ou minéral. J'ai longtemps gardé la nostalgie des pierres (1). Ces souvenirs sont rares et flous, car nous n'étions pas assez évolués pour en conserver la pleine mémoire. La plupart du temps, il s'agit de sensations. On sait maintenant, de façon incontestable (2), que les animaux pensent. Leur forme de pensée, comme leur langage, est moins élaboré que le nôtre, mais les poules, les chiens et les chats, les chevaux, les singes rêvent. On a même souvent l'impression que les mammifères supérieurs réfléchissent. Ce qui expliquerait pourquoi certains se souviennent de leur vie animale. N'est-il pas donné à l'homme d'exprimer quelque chose du bestiaire universel : chien, cheval, aigle, vautour, requin, chat, etc. ?

(1) Le lecteur que cela amuse peut trouver des allusions explicites dans chacun de mes romans.

(2) *L'Âme des animaux*, Jean Prieur, Laffont. *Mémoire de singe et paroles d'homme*, Boris Cyrulnik, Pluriel.

Ces idées choquent l'esprit occidental. Pourtant, souvenons-nous : nous sommes composés de particules qui ont servi à former bien des êtres au cours des innombrables cycles de l'évolution. Qui, voilà vingt ans, aurait osé affirmé que la matière « n'existait pas » ? Qui, dans vingt ans, affirmera encore que l'eau est sans mémoire ? Prendre parti pour ou contre la métempsycose (le fait que l'âme humaine ait pu éventuellement se réincarner en animal) est inutile. Remontez de nombreuses vies, vous obtiendrez la réponse…

Les souvenirs mêlés

Au début surtout, il arrive que deux vies se mélangent lors des séances. Jean-Luc, quarante ans, trois enfants, nous en fournit un exemple :

« *Cela se passe avant que je ne sois bébé. Je suis allongée, dans la ruelle, dans le ruisseau. Ma tête va éclater… Je suis en train de mourir. J'ai trente ans. C'est cet homme, mon mari. Il a voulu se débarrasser de moi. Je ne lui ai pas donné d'enfant. Ça m'aurait rendu folle d'avoir un fils qui lui ressemble. Cette ordure… Il m'a jetée à la rue. Il tient un relais de poste, un endroit où se trouvent des chevaux, ou une taverne… Il est brutal, sale. Presque chaque soir, il se jette sur moi, même quand je suis malade. C'est du viol, il aime me voir pleurer… Me voilà dehors… C'est la nuit. Personne ne me porte secours. Je déteste cet homme… Je déteste tout le monde…*

« (Changement de vie :) *Je suis dans un petit château, c'est beau, plutôt luxueux. Je suis la fille de la maison… Il y a un grand escalier. C'est agréable, mais mes parents sont si froids… Le curé soupe chez nous. Il s'en va maintenant. Je n'ai pas soupé avec eux. Je dîne à l'office, avec une servante qui ne m'aime pas. Personne ne s'occupe de moi. Je n'ai pas envie qu'on s'occupe de moi... Je suis à la fenêtre de ma chambre, une belle chambre, claire, mais ça ne m'intéresse pas, je préfère regarder dehors. Une femme passe et me fait un signe. Je suis petite, très petite.*

« (Retour à la première vie :) *Les rues sont laides, pavées, sales. Je sens de la révolte. Les gens sont mous, inactifs. Il m'a jetée dehors. Je revois ses mains, énormes. Ses vêtements sont différents. Nous ne sommes pas en France, plutôt dans le sud de l'Europe.* »

Dans une existence, au XVe siècle, elle était très misérable. Dans l'autre, un siècle plus tard, elle avait mené une existence très heureuse, presque sans événement majeur, jusqu'au jour où une famine avait sévi. Elle s'était trouvée entraînée dans une jacquerie. Un groupe de plusieurs centaines de personnes avait attaqué un château. Plusieurs membres de sa famille avaient été massacrés. Elle avait survécu, mais en avait gardé une révolte permanente contre l'état du monde.

Sur le plan thérapeutique, voilà ce que cela apporta à Jean-Luc : « *La première fois, je ne me laissai pas aller. Je bloquais les images, je les empêchais de revenir, en me répétant que c'était absurde. En fait, je m'interdisais de revivre le passé, comme souvent je m'interdis de vivre ce qui me ferait plaisir... J'ai compris aussi pourquoi j'ai une telle peur des chevaux, alors que j'ai toujours vécu à Paris et que je n'en ai pratiquement jamais vu. Ils me rappellent l'horrible mari de cette époque. Cela m'a aussi permis de découvrir que j'étais en révolte quasi permanente contre tout, voulant toujours avoir raison. Maintenant, je crois bien que je vais abandonner cette révolte qui, la plupart du temps, ne correspond à rien !* »

Tout le monde sait cela : au même instant, dix personnes réalistes assistent à un accident. Aucune n'en dira la même chose ! Faites aussi cette expérience très simple : racontez à un membre de votre famille un événement de votre enfance. Bien souvent, il en aura une vision très différente. Un moment peut être marqué comme heureux par l'un, malheureux par l'autre. Parfois même, votre sœur prétendra avoir été l'héroïne d'un incident que vous aviez vécu, ou l'inverse... En cours de psychothérapie, il est fréquent que l'on soit obligé de modifier complètement ses souvenirs, en ayant gardé une image fausse. Quand l'inconscient est mis à jour, on s'aperçoit alors que les choses se sont passées très différemment. À plus forte raison, les souvenirs des vies antérieures peuvent se mélanger. Mais la persévérance les clarifie toujours.

TECHNIQUE POUR LES ENFANTS

Évocation spontanée

La mère ou le père, rappelons-le, ne sont pas qualifiés pour cette recherche. Elle ne doit pas être pratiquée sur des enfants de moins de douze ans (sauf par un spécialiste expérimenté). Mais un proche – oncle, tante, ami, grand-parent – peut aider un adolescent à retrouver son passé.

Pour quelle raison ? L'enfant est dans une période de construction de sa personnalité, il serait dommageable que des fragments de personnalité ancienne s'y mélangent. Sauf, bien entendu, pour les enfants élevés dans une religion leur apprenant dès le berceau que l'âme se réincarne (hindouistes, bouddhistes) ou si votre foi ne vous a jamais empêché de croire au karma. Si votre enfant évoque spontanément une vie antérieure, ne manifestez pas de curiosité excessive.

Interrogez-le avec douceur et bienveillance. Que vos questions soient neutres, même si vous mourez d'envie d'en apprendre davantage. Si possible, enregistrez-le, pour vérifier les détails. Demandez-lui de décrire l'endroit où il vivait, s'il se souvient de certains noms, du climat, de frères et sœurs, de camarades. Aimait-il ses parents ? Avait-il des jouets ? Comment sa chambre était-elle décorée ? Si vous avez enregistré ses paroles, vous pouvez, avant de commencer la séance de relaxation, lui faire écouter des passages de la bande.

Séance organisée

Le texte à prononcer et le temps de relaxation sont plus courts.

- Au début, se contenter d'une relaxation de dix minutes, même imparfaite. Les premiers souvenirs concerneront rarement des vies antérieures, mais un peu n'importe quoi : école, camarades, vacances... Ne pas intervenir, ne jamais brusquer. Noter les éléments qui semblent provenir du passé. Ces éléments serviront de mots clés pour démarrer les séances ultérieures.
- Dites le texte de relaxation en version abrégée, sans concentration sur la respiration, ni sur le troisième œil, sans parler de lumière blanche. Arrêtez-vous à la sensation de chaleur envahissant le corps, puis démarrez. Les premières fois, contentez-vous de demander ce qu'il voit, sans l'orienter. Posez des questions neutres : vêtements, climat, lieu, présence d'autres personnes.
- Plus tard, vous pourrez utiliser des mots qui serviront de sésames pour démarrer la séance. Par exemple, s'il évoque « une femme en robe blanche, au visage peint », ou bien « une petite pièce très basse avec un lit en bois », utilisez ces phrases.

Après la relaxation, commencez ainsi : « *Je vais maintenant t'indiquer un mot* (que vous puiserez dans les séances précédentes). *Tu le répéteras plusieurs fois, à voix haute, pour bien t'en imprégner, puis tu diras si tu vois une scène, une image, et tu raconteras ce que tu vois. Parle au présent, comme si tu étais en train de vivre ce que tu vois. Tu es prêt ? Voici le mot : (x).* » Si l'adolescent s'agite, demandez-lui gentiment de rester calme. S'il n'évoque rien, trois ou quatre minutes plus tard, prononcez un autre mot tiré d'une séance précédente, en lui demandant de le répéter plusieurs fois à voix haute. Intervenez encore moins qu'avec un adulte.

Dès que l'enfant manifeste de l'impatience, ou de la lassitude, arrêtez – en douceur – la séance : « *Voilà, c'est très bien, tu es plus détendu que tout à l'heure. Tu peux rouvrir les yeux, te lever.* » Finissez toujours par une note optimiste et constructive, du style : « *Tu as bien compris, tu as bien participé, c'était très intéressant, tu as beaucoup de choses à dire, tu parviendras à mieux t'exprimer la prochaine fois* (s'il n'a pas trop parlé), *tu es ouvert d'esprit...* »

Ensuite, ne lui posez aucune question ; les réponses seront sans valeur, et cela risque de déformer ses souvenirs naissants. S'il revient sur le sujet, écoutez en silence, sans rien suggérer. L'idéal, c'est d'abréger, afin d'éviter que l'imaginaire ne reconstruise le passé. S'il n'en parle pas, n'en parlez pas non plus. Ne tirez pas de conclusions sur les bribes de mémoire qu'il a pu livrer, ce ne seraient que vos propres projections. Plus tard, quand il aura retrouvé des vies entières, il vous sera possible d'en discuter avec lui : comment il considère cela, s'il est heureux d'être sur terre, s'il a des comportements aujourd'hui qui ressemblent à ceux du passé, si cette expérience peut l'aider à mieux se comprendre, etc.

Les relations karmiques

Peut-être connaissez-vous quelqu'un avec qui il vous semble avoir déjà été lié dans une autre vie ? Pour le vérifier, voilà comment procéder :

- Si vous êtes seul, relaxez-vous selon la méthode indiquée plus haut.
- Puis, lorsque arrivera le moment de franchir la lumière blanche, ajoutez : « *Je vais rencontrer quelqu'un que je connais aujourd'hui. Il ou elle sera peut-être de sexe et de race différents, le lien que j'avais avec lui ou elle était peut-être différent… Il ou elle a pu être ma mère, mon père, une sœur, un frère, un enfant, un ami, un protecteur, un disciple, un ennemi…*
- « *Je vais m'approcher de lui sans appréhension, lui demander ce que je peux faire pour améliorer mon existence d'aujourd'hui… ou pour régler un problème ancien, qui me hante depuis si longtemps…*
  Si c'est un ennemi, je m'efforcerai de rester neutre, de ne pas lui en vouloir sur le moment.
  En aucun cas le passé ne peut me poursuivre aujourd'hui…
  Il s'agit simplement d'apprendre, de progresser…
  Il ou elle m'attend dans la lumière qui se dissipe, je vais voir son visage, ses vêtements, l'endroit où il ou elle se trouve, et je vais écouter ce que cette personne veut me dire…
  Puis je lui dirai moi-même, à voix haute et au présent, ce que je ressens, sans m'interrompre, en laissant vivre mes émotions… J'y suis… »

Technique de couple

Un couple harmonieux, éprouvant un grand respect mutuel, ou des amis très proches, peuvent le faire ensemble.

- Ces deux personnes doivent avoir retrouvé plusieurs souvenirs anciens, chacune de son côté. Si elles se trouvaient sur terre à la même époque, il s'agit de retourner dans le passé pour voir, si, en ce siècle, elles se connaissaient.
- Les deux personnes sont allongées dans la pénombre, séparées par au moins un mètre – de façon à n'être pas influencées par la présence physique et les vibrations de l'autre. Relaxez-vous ensemble.

Vous pouvez le faire chacun pour soi, en silence, pendant quinze à vingt minutes, ou bien à voix haute, chacun continuant la phrase de son partenaire :

- *« Mes pieds se détendent, ils deviennent chauds, si chauds...*
- *Et cette chaleur gagne mes mollets, qui deviennent chauds à leur tour, mes mollets sont chauds, baignés d'une chaleur agréable, si douce...*
- *Cette chaleur gagne maintenant mes jambes... mes genoux... mes cuisses... Les muscles de mes cuisses vont se détendre, les muscles de mes cuisses se détendent, les muscles de mes cuisses sont détendus, envahis d'une douce sensation de chaleur, chaude, agréable, si douce...*
- *Cette chaleur gagne maintenant mon ventre... »*
- Etc. On peut bien sûr inverser : *« Tu sens la chaleur envahir ton pied droit... Et cette chaleur gagne ton pied gauche... »*

Au moment de franchir la lumière blanche, chacun précise à tour de rôle les divers éléments auxquels il veut faire attention :

- *« Je vais maintenant revenir à cette vie que je connais en partie, à cette époque »* (citer l'époque, en rappelant les vêtements, le style des maisons, le mobilier, le climat, les véhicules, les animaux, tout ce que chacun a vu lors de sa propre remontée).

Puis vous vous approchez de cette brume lumineuse qui peu à peu se dissipe. À ce moment, la femme dit :

- *« Je vais voir si je t'ai déjà croisé,* (prénom du mari ou ami/amie), *voir si nous nous sommes connus, et quel genre de relation nous avons eu... »*
- Le mari (ou ami/amie) reprend aussitôt la même phrase en nommant la femme.

La grande ennemie des remontées sincères étant la hâte, ne vous découragez pas si, la première fois, vous n'êtes pas d'accord. N'interrompez pas la séance, ne laissez pas votre moi d'aujourd'hui intervenir. Il ne s'agit pas d'aller prouver que l'un était un maître élevé, l'autre un esclave ou un idiot... Chacun apprend, chaque vie est utile et nécessaire. Ne perdez pas de vue que l'on progresse dans la connaissance de soi-même, et dans la voie spirituelle, en se dépouillant de ses masques sociaux. Restez neutre, bienveillant. Et n'oubliez pas d'en rapporter quelque chose, message, information, solution, etc.

Bruno a ainsi découvert qu'il connaissait déjà sa femme. Française, elle avait été attirée par lui (il était alors Indien), mais avait préféré la fuite. Aujourd'hui, ils vivent très sereinement, sachant qu'ils se sont choisis avant de naître.

Les apports thérapeutiques

Les dimensions thérapeutiques de cette recherche sont très nombreuses. Marion et Olivier ont pu ainsi régler un grave problème de jalousie que rien en apparence ne justifiait (alors qu'ils étaient frères d'armes lors des Croisades, ils s'étaient mutuellement trahis et avaient connu une fin très vilaine). Gisèle et Marc ont pu comprendre pourquoi ils se bloquaient mutuellement (Gisèle avait été le précepteur de Marc, fils de riche à la cour florentine ; l'ancienne incarnation de Marc traitait son précepteur d'incapable et le dénonçait comme athée, et celui-ci détestait ce jeune prétentieux qu'il était obligé de supporter pour gagner sa vie). On libère ainsi des traumatismes karmiques, et l'on acquitte beaucoup plus vite les dettes contractées dans le passé.

Technique de groupe

Si vous appartenez à un petit groupe très lié (groupe de prière, groupe religieux), vous pouvez entreprendre cette recherche collectivement.

Je vous conseille ceci :

- Un guide prononce les paroles qui ravivent les vies antérieures.
- Un seul est allongé et parle.
- Les autres sont assis, immobiles et silencieux, emplis de respect et de bienveillance.
- Quand le premier a terminé, on passe à un autre, qui s'allonge. Ne pas excéder trois séances de suite.
- Ceux qui y participent, j'insiste, doivent conserver dignité et mutisme. Il faut attendre que chacun ait revécu au moins trois vies pour faire des commentaires.

Il est hors de question de s'emparer des vies antérieures d'autrui pour en tirer des conclusions sur son comportement. Dans une recherche spirituelle, le jugement est exclu. Toute personne faisant des remarques désobligeantes, ou utilisant des informations ainsi obtenues, ou même les évoquant devant des tierces personnes sans autorisation, doit être aussitôt éliminée du groupe.

Pour peu que l'on respecte ces conditions, les enseignements sont riches et variés. On peut découvrir des relations karmiques, mais surtout, si le groupe est tourné vers la compréhension, l'amour et l'évolution spirituelle, on ouvre une véritable fenêtre sur l'inconscient des autres et son propre inconscient, qui permet de mieux comprendre l'humain. On se rapproche en profondeur d'autrui.

Dans un premier temps, les relations avec les membres du groupe s'améliorent nettement.

Dans un temps ultérieur, si vous partez à la recherche des guides, les buts de votre groupe deviendront plus évidents.

Vous ne serez plus la simple addition d'individus, mais une communauté animée d'une puissante énergie.

Si vous êtes en relation avec d'autres groupes, vous pouvez à ce stade d'évolution échanger de fructueuses expériences.

Il se peut également que quelques-uns des membres du groupe découvrent avoir vécu ensemble une ou plusieurs vies. Ils comprennent alors pourquoi ils sont de nouveau réunis.

La frontière entre les différents plans de vie

Chacun sait – du moins, ceux qui l'ont expérimenté – que lorsque le corps meurt, l'âme traverse un tunnel résonnant souvent de sons assourdissants, à toute vitesse, en revoyant en accéléré la suite des épisodes ayant façonné sa dernière incarnation (1). Voilà des siècles, le Zohar (Livre de la Splendeur) évoquait déjà ce tunnel menant à la cave de Machpelah, où Abraham, Isaac, Jacob, Adam et Ève sont enterrés. L'Être de Lumière y accueille le mourant.

Il n'est pas indispensable de rendre l'âme pour explorer ce tunnel. Plusieurs des techniques proposées tout au long de ce livre peuvent s'associer pour vous autoriser le passage de l'autre côté de la vie. Ce n'est que lorsque vous maîtriserez parfaitement – et uniquement à ce moment-là – ces différentes ascèses spirituelles que vous parviendrez à explorer les premières marches de l'au-delà. Qui tente de franchir ce seuil sans s'être soigneusement préparé s'expose à fantasmer.

Lorsque vous serez avancé, avant d'entamer cette aventure mystique, relisez le texte suivant, qui vous deviendra très clair :

- À l'aide d'un des mantras, plongez dans une profonde méditation. Éveillez la voie des chakras. Vous atteindrez le Soi, votre moi supérieur, source claire de l'inconscient collectif. Devant cette source se trouve le tunnel. Prononcez le rituel de protection, puis partez en voyage astral avec l'extension Raquin, après avoir appelé votre guide le plus élevé.

---

(1) Élisabeth Kûbler-Ross, *La mort est un nouveau soleil* Le Rocher et Raymond Moody, *La Vie après la vie,* Laffont.

Vous pouvez, au début, rester à l'entrée du tunnel, pour apprivoiser les sons et les sensations étranges qui en émanent.

- Pratiquez la technique de l'aller et retour, en vous aidant de votre œuf de couleur. Vos moi antérieurs vous ouvriront le chemin.
- Ne vous arrêtez pas en route, ne vous laissez distraire par aucune des tentations et hallucinations du bas astral.
- Un ange, et non le Maître, vous attendra au bout de votre traversée. Laissez sa lumière irradier votre âme. Il vous montrera l'arbre du pardon, le bain d'inconscient, ou le sceptre du royaume intérieur, le pain de lumière, ou un secret que vous seul serez habilité à détenir.

La joie que vous en retirerez est indicible. Vous saurez, comme je le sais, que votre âme, immortelle, a été créée par Dieu au commencement du monde, et qu'elle est appelée à y retourner, pour explorer à jamais de nouveaux univers.

On ne traverse pas l'Atlantique après avoir fait un stage d'Optimist. J'insiste, ne tentez rien avant d'être certain de maîtriser ces techniques.

Au chapitre suivant, nous allons évoquer d'autres atouts dont vous bénéficierez tout au long de votre quête.

CHAPITRE IV

Atouts et dons

« LES *vieilles choses ont de grandes ombres* », dit un proverbe anglais. Vous pressentez que les reliquats du passé obscurcissent votre existence présente. Parfois, il vous arrive d'être un autre, l'espace d'un instant ou d'une heure. L'homme doux laisse place à une brute menaçante, la femme tendre s'efface devant une mégère vindicative.

Même si, dans un premier temps, vous ne « croyez pas » pouvoir retrouver vos vies antérieures, les rétro-progressions faciliteront la liquidation des traumatismes et des tensions. Vous n'embarquerez pas sans atouts pour ce beau voyage. En mettant certaines connaissances de votre côté, les fantômes surgis de la nuit des siècles ne pourront vous nuire. Nul n'a le pouvoir de détruire votre Soi, immortel. Vos tendances inconscientes et vos pulsions karmiques ne représentent qu'une partie de vous-même, puisque vous bénéficiez de l'acquis d'une longue évolution. Sur l'itinéraire spirituel que vous défrichez, vos vies antérieures reconstituent la mosaïque humaine qui complétera votre compréhension du monde et de vous-même. Vous avez une idée plus ou moins nette de vos maux, actuels ou passés. Pour perfectionner le « Connais-toi toi-même », l'introspection est nécessaire, mais le moyen le plus efficace est de partir des sensations physiques, souvent fugitives. Comme le disait Jésus : « Les cieux et la terre s'enrouleront devant vous. Le vivant, issu du Vivant, ne connaîtra ni crainte ni mort, parce qu'il est dit : Celui qui se connaît lui-même, le monde ne peut le contenir (1). »

Vous pouvez vous entraîner ainsi :

- Identifiez ce que vous ressentez, pour bien ranimer les sensations qui vous agitent. *« Pourquoi me suis-je trouvé gêné lorsque Katy m'a dit bonjour ? Pourquoi ai-je prétendu que j'étais malade pour éviter de rencontrer ces gens ? Pourquoi, quand on m'a présenté Étienne, l'ai-je détesté instantanément ? »* Ce genre de questions réactive souvent une chaîne de mini-incidents du même genre, vous rapprochant du choc émotionnel le plus ancien, que vous pourrez ainsi réduire.

(1) *La Clarté intérieure,* Marc de Smedt, l'Âge du Verseau.

Ensuite, verbalisez :

- Malaises et craintes deviennent plus clairs quand on les évoque à voix haute. Parler de votre ressenti, pour déclencher le processus d'intégration des souvenirs. Agissez de préférence seul. Lorsque vous retrouverez des scènes du passé, n'hésitez pas à les revivre plusieurs fois pour les apprivoiser et en saisir toute la richesse.

Nous allons maintenant évoquer une existence ancienne de Freddy, indiquant la persistance de problèmes très anciens, puis je vous expliquerai les méthodes les meilleures pour faire face à toute situation. Ajoutons que si vous pratiquez régulièrement ces différents enseignements, vous verrez votre confiance en vous grandir et votre vie s'alléger.

Dans sa vie actuelle, Freddy est un homme angoissé. Il craint le chômage, bien que sa qualification soit recherchée. Il aimerait vraiment se marier, mais les femmes lui semblent dangereuses. Elles risquent de le dominer, de le transformer en jouet docile. Il déclare volontiers qu'elles sont idiotes, vénales, et fausses.

Il craint aussi les hommes, qui semblent tous le menacer ou lui en vouloir. Il pense qu'on le jalouse, et qu'on a le mépris facile à son endroit. De temps en temps, il redoute que la terre n'explose, soit à la suite d'une guerre nucléaire, soit par un cataclysme dans notre système galactique. Ou bien que le sida ne provoque un holocauste, que la couche d'ozone ne soit détruite, qu'une guerre chimique n'anéantisse la végétation, etc. L'actualité lui fournit maints sujets d'inquiétude. De toute façon, il mourra jeune. Chaque année, un bilan de santé devrait le rassurer ; il se persuade que les médecins lui cachent la gravité de son cas, ou bien qu'ils sont incapables de déceler une maladie rarissime.

Dans une vie précédente, il avait renoncé à une mission, par manque de sympathie pour son maître, comme nous allons le voir.

« Je suis un enfant. Je suis allongé dans l'herbe. Je sens l'odeur, je vois les feuilles des arbres, illuminées par le soleil, comme des émeraudes translucides. Pourtant j'ai une sensation de frayeur, de malaise, comme si j'étais enveloppé dans une enveloppe fragile, comme si c'était une punition. Ma chair est tendre, potelée, extrêmement sensible. J'ai le sens du toucher très développé. »

Sans doute pour fuir les sensations inhabituelles, il revient ensuite dans le ventre maternel. Lorsque vous serez capable de faire l'aller et retour entre le présent et le passé, vous pourrez toujours trouver un refuge dans le ventre maternel. Si toutefois il s'agissait pour vous d'une belle entrée sur terre.

« Je suis dans un berceau, puis, avant cela, un légume, au chaud… Je suis bien… Maintenant je suis dans des paysages nordiques, des rochers au bord de la mer. Je vis dans ce peuple celte ou écossais, une vie rude et saine, très violente. La pesante tristesse du paysage me désole. Les rochers sauvages, les peaux de bête, les objets de métal, la vase, la boue, la fumée qui sort des huttes… on fait cuire du poisson. Nous ne mangeons pratiquement que du poisson. C'est une époque très ancienne, presque préhistorique… La boue, le métal… Je le sens vraiment, j'y suis. Cela tient par moments de la steppe russe. Je sens les odeurs du poisson grillé, les odeurs d'herbes qui brûlent.

« Je vois une épée et une poterie, un objet de valeur, un héritage. Je vois, je sens. Il n'y a pas de rues dans mon village, mais des huttes ou des tentes en peaux de bête.

L'artère principale est sale, boueuse, parfois horriblement humide, avec du fumier. C'est très sale, très gris, très boueux. Il est situé dans une crique, le paysage est très dégagé, comme des falaises très découpées, une sensation d'espace extraordinaire, une contrée très sauvage. C'est au nord, un peu montagneux, au débouché d'une vallée très large, sur la mer, très dégagée. Le village se trouve sur une sorte d'avancée, de presqu'île. Je me demande pourquoi ils ont bâti le village ici, en fait, pour des raisons religieuses…

« Je suis un enfant, un adolescent. J'aide quelqu'un à décharger du fumier, ou du goémon. Je pense à mon oncle, il m'a vu grandir, m'a aidé. Ça défile à la vitesse de l'éclair : il taille un bout de bois avec un couteau, un très beau poignard, incrusté de pierreries. Plus tard, il me le donnera. Il ressemble à mon oncle Jules, mêmes traits, même nez, qui est mort depuis peu, mais celui du passé a une chevelure longue, crasseuse, très brune. Ainsi, je l'avais déjà connu… Je l'aime beaucoup. Je crois que cela se trouve plutôt en Sibérie.

« J'ai douze ans, dans une hutte, il y a de la fumée, des couvertures en peaux de bête, un chaman est là, impressionnant. C'est une cérémonie, il y a des objets argentés qui pendent de chaque côté, et tout autour. Le feu est au milieu. Je suis très impressionné. Cet être est comme un juge… Il veut m'exorciser, j'ai le mal sur moi, je provoque l'inquiétude. Il veut me délivrer du mal qu'il a décelé en moi. Je crée des soucis à ma tribu. Je ne vois pas ma mère. À côté de moi se trouve une femme d'un certain âge, ses cheveux noirs sont liés par une queue de cheval, elle a quelque chose d'asiatique ou d'indien. Elle est agenouillée près de moi. Ce n'est pas ma mère.

« Il y a un conseil de famille, avec beaucoup de femmes. Les femmes ont un pouvoir de décision important dans ce village. Je ressens la relation avec cette femme comme une relation d'adulte à adulte, et non d'enfant à mère. Je suis orphelin, je n'ai jamais eu de parents, c'est impensable... Pourquoi ai-je rejeté ma mère ? Je me rends compte combien j'ai de la chance d'avoir des parents dans ma vie actuelle.

« Je me trouve allongé dans cette habitation, assez longue, très primitive, comme une vieille grange, faite en troncs d'arbres, paille ou chaume, ce genre de matériau... Ce qui pend n'est pas de l'argent, mais du poisson séché, sur des ficelles... Je suis en plein courant d'air. Devant moi se trouve cet homme, ce chaman. Je suis très malade, j'ai la fièvre. Je ne sens aucun amour de sa part. C'est un être froid, calculateur, sans sentiment. Du moins, je m'en persuade. Il aime le pouvoir. Il ne veut plus que je travaille sur un bateau, il veut que je devienne chaman. Il m'a fait boire des drogues, mais je ne veux pas être chaman.

Je sais qu'il s'agit d'une épreuve : je meurs ou je deviens élève de cet homme. Je ne m'en sens pas la force : vivre seul, supporter les transes, s'isoler dans la forêt, être sollicité jour et nuit... Je voudrais vivre avec les autres une vie ordinaire...

« Ma fin est assez pitoyable, je me sens gagné par le mal, j'ai la poitrine prise, les poumons arrachés par le feu; mon centre vital est atteint, c'est terrible, cet homme me regarde mourir. J'ai échoué, mais je ne voulais pas réussir...

« Je rapporte de cette très ancienne vie l'image d'une vieille femme bienfaisante, qui m'a manquée dans ma vie présente... Et la certitude que je ne suis pas fait pour devenir chaman, mais au contraire, pour mener la vie des hommes. J'ai complètement oublié mon corps ! C'est extraordinaire, c'est la première fois que cela m'arrive ! »

Depuis toujours, sous prétexte de réfléchir, Freddy recherchait la solitude. Il travaillait sous tension, prenait le métro sous tension, mangeait sous tension, dormait sous tension.

Il avait fait sienne la formule de Victor Hugo : « L'œil était dans la tombe et regardait Caïn. »

Le naturel lui semblait impossible, tant la certitude d'être épié, observé, jugé, était ancrée en lui.

Après quelques séances, il devint capable de dénouer volontairement les nœuds énergétiques de son corps. Son intuition se développa, lui permettant d'identifier ses problèmes. Il découvrit qu'il évitait la compagnie des autres, et que, bien souvent, il laissait passer des chances, par son attitude méfiante envers autrui. Il apprit à se lier plus facilement.

Au lieu de se considérer comme « élu » par la souffrance, la solitude, la malédiction de l'artiste et du marginal qu'il était dans sa tête, il commença à discuter avec les hommes sans se sentir obligé de les agresser préventivement, et avec les femmes sans les considérer comme des ennemies à soumettre.

Cette rétro-progression (et d'autres, qu'il serait trop long de reproduire) lui avait en outre permis de découvrir qu'il avait déjà vécu avec son oncle Jules.

Il espérait le revoir dans une vie ultérieure.

Comment interrompre une vie antérieure difficile

Je rappelle que les cardiaques, ou les personnes suivant des traitements contre l'angoisse et la dépression doivent s'abstenir de toute recherche. Si vous êtes très émotif, ou sujet aux phobies, et si vous redoutez des troubles psychiques, pratiquez vos rétro-progressions la veille d'un jour de congé, pour avoir le temps de récupérer. Il est évident qu'on ne peut pas retrouver des souvenirs très marquants, puis se lancer dans ses activités habituelles.

Denis a été tellement enchanté de découvrir que sa femme et lui s'étaient déjà aimés, qu'il dut se retenir pour ne pas repartir le jour même en voyage de noces. Quant à David, d'avoir jadis été chanteuse des rues le convainquit qu'il comprendrait mieux les femmes. Il en oublia un rendez-vous chez le dentiste. En revanche, Annie s'est retrouvée couchée sur une barque en Égypte, une pièce dans la bouche, avec sa famille vêtue de blanc la regardant du haut d'une colline... alors qu'elle était encore vivante. Florence a été dévorée par un crocodile, et Robert est mort en captivité. Bien difficile, quand on éprouve encore ces sensations, quand on vit encore ces scènes, quand on sent l'odeur des fleurs ou de la cuisine familiale, ou bien du sang ou du cachot, de se rendre à un rendez-vous d'affaires, la mine enjouée.

Si une vie douloureuse se présente, n'en sortez pas précipitamment. Votre cerveau rationnel reste en veilleuse, prêt à vous aider. Vous le savez, l'hémisphère droit dirige le monde sensible, et l'hémisphère gauche le monde conceptuel. Cette partie gauche vous protège de la dérive. Vous n'êtes pas déconnecté de la réalité, mais seulement en état d'apesanteur dans une réalité supérieure. Il est toujours possible de revenir en quelques instants aux limites ordinaires de votre environnement.

En cas de problème, voilà les mots que vous prononcerez : « *Non, je ne peux pas, je ne peux vraiment pas... Je vais retrouver le présent de mon corps... Je vais revenir à mon incarnation de la fin du XXe siècle. Je vais laisser cette vie ancienne, pour l'instant. J'y reviendrai plus tard, quand je serai vraiment prêt. Je ne crains rien, je ne crains rien du tout, cette vie passée ne peut me nuire... En revanche, elle m'enseigne quelque chose sur ma vie actuelle, mon comportement... Je vais en rapporter un enseignement, un signe, une réponse. Je vais assimiler cette souffrance... Qu'est-ce qui me fait souffrir ? Mon âme vit au présent, la souffrance de jadis est terminée, terminée... Je vais bientôt rentrer dans mon corps du XXe siècle... Lentement... Paisiblement. Plus tard, je reviendrai voir celui (celle) que j'étais.* » Si la souffrance se calme à ce moment, essayez de rester dans cette vie antérieure, mais en l'observant de manière détachée, sans vous laisser atteindre par les émotions qui jaillissent. Vous irez à la rencontre de cette souffrance non élucidée lors d'une autre séance.

Si une autre personne vous guide, c'est à elle de prononcer ces mots : « *Ce n'est pas grave, tu revivras ce souvenir une autre fois, tu ne crains rien, tu ne crains rien du tout, cette vie passée ne peut te nuire... Ton âme ne souffre plus physiquement de cette précédente incarnation... Tu vas bientôt revenir au XXe siècle...* » Etc. Si la souffrance ne se calme pas, tâchez de ne pas remonter à la surface trop vite, comme un plongeur imprudent. Essayez de tenir dix à vingt secondes. Respirez tranquillement. « *Je suis au présent, je suis au présent... Je vis au XXe siècle...* »

Bougez les bras. Reprenez conscience de ce qui vous entoure. Décrivez à voix haute le mobilier de la pièce où vous vous trouvez, les vêtements que vous portez, puis respirez plusieurs fois en profondeur. Ouvrez les yeux. Relevez-vous lentement. Ensuite, ne restez pas à rêvasser. Absorbez-vous aussitôt dans une activité différente (travail, courses, ménage, télévision, bricolage, sport), afin de laisser votre subconscient assimiler les informations remontées à la surface.

Comment se protéger de la peur dans le passé

Lors de vos rétro-progressions, votre moi d'aujourd'hui reste actif. Il sommeille, mais peut voler à votre rescousse au moindre désir. Ce que vous savez, votre expérience, ne s'oublie pas durant la séance. Vous avez la faculté de réactiver en un instant votre intelligence, votre énergie. Donc, si vous avez peur, appelez-vous. Votre moi d'aujourd'hui entrera aussitôt en contact avec votre moi d'hier, et vous renforcera. Quoi qu'il advienne dans vos remontées du temps, votre âme demeure votre éternelle alliée.

J'ai dû affronter une fois une telle situation. Aux alentours du Xe siècle, j'étais un vieillard pauvre, traversant les bois en compagnie de ma petite-fille, âgée d'une dizaine d'années, pour me rendre au bourg voisin. J'ai été attaqué par des bandits de grand chemin. Me défendre était impossible : que peut faire un vieil homme armé d'un bâton face à trois jeunes ivres ? Sans même m'adresser la parole, ils commencèrent à me rouer de coups, en riant. J'eus l'impression que mon crâne éclatait. Je m'effondrais.

J'étais tellement triste et apeuré que j'ai crié : « Bernard ! » Fidèle, mon moi actuel m'a parlé intérieurement pour me décrire l'avenir de ma petite-fille.

Ces trois hommes se déplaçaient dans la région pour leurs rapines et ne voulaient pas s'encombrer d'un poids. Deux d'entre eux voulaient la violer, mais le troisième, qui avait su conserver un fond chrétien, les en empêcha violemment. Elle fut finalement abandonnée dans la forêt, et retrouva le chemin de la maison quatre jours plus tard. Ayant vu cet avenir, je mourus serein, au milieu du chemin. Peut-être ne verrez-vous pas l'avenir à ce moment-là, mais une indication vous sera donnée, concernant la manière d'utiliser l'enseignement de cette vie antérieure.

Le lâcher-prise

Si vous bataillez sans obtenir la victoire, si vous vous épuisez sans parvenir à affronter une situation, lâchez prise, sans renoncer à votre but. Agissez par des voies détournées. Si, par exemple, vous fuyez devant un viol ou un emprisonnement, allez d'abord explorer l'environnement en voyage astral. Voyez la scène de l'extérieur, puis incarnez-vous. Si quelqu'un est en train de vous étrangler, faites le mort. Canalisez votre souffrance, déplacez-la vers le ventre par exemple. Et n'hésitez pas à crier s'il le faut.

La protection

Au chapitre précédent, vous avez étudié certaines techniques qui permettent d'affronter les situations difficiles, en vous habituant à vaincre par la visualisation, en programmant vos rêves, en vous entourant de votre œuf de couleur personnelle. Il se peut cependant que vous soyez très sensible, et que vous hésitiez encore. Vous avez raison : l'homme (ou la femme) courageux n'est pas celui qui triomphe, mais celui qui surmonte.

Vous pouvez explorer le passé en restant entouré par votre œuf de couleur. Cela vous aidera à garder une certaine distance entre vos précédentes incarnations et votre moi d'aujourd'hui. Vous revivrez les situations avec moins d'intensité, mais cela vous laissera le temps « d'apprivoiser » les peurs anciennes. Si vous découvrez, par exemple, avoir été torturé, partez en expédition dans votre bulle de couleur. Restez serein, détaché. Dites-vous que vous avez la chance d'assister en direct à une scène historique, en spectateur.

Lorsque vous serez familiarisé (!) avec l'idée d'avoir subi des souffrances, lorsque vous saurez que vous allez apprendre énormément, laissez jaillir les émotions, criez, pleurez, hurlez votre révolte. Et n'oubliez pas d'en rapporter un enseignement sur votre comportement d'aujourd'hui. Souffrez-vous de pulsions sadiques que vous aimeriez transformer en amour d'autrui ? Vous complaisez-vous trop souvent dans le rôle de la victime ?

Les réponses naissent dans l'intimité de votre être, et n'appartiennent qu'à vous.

Le rituel de protection

Ce rituel, vieux comme le monde, est merveilleux, au sens propre du terme. Il mobilise les mêmes énergies que la prière, et propage dans l'âme une sensation de sérénité et d'amour. Vous pouvez l'utiliser dans la vie quotidienne, face à des difficultés. Lors de vos rétro-progressions, il permet de purifier le corps des tensions nées du psychisme, mais aussi des toxines accumulées par une alimentation déréglée.

Dites, du plus profond de votre être : « Dieu est mon harmonie. » Ou bien : « Dieu est ma joie. » Ou bien : « Je suis Dieu dans l'harmonie », « Je suis Dieu dans la joie. »

Vous pouvez inventer votre propre rituel, pourvu qu'il soit pur et sincère. Beaucoup de formules sont possibles : « Je suis Dieu dans la sérénité, Dieu me garde en son amour, Je suis Dieu dans l'éternité, Dieu est amour. »

On peut l'adapter à des circonstances particulières : « Dieu me garde pour ce rendez-vous, Dieu me garde pour cette rencontre, Dieu me garde pour trouver un emploi, Dieu me garde pour surmonter cette douleur, Dieu me garde de ne plus m'emporter, Dieu me garde de ne plus blesser les autres... Jésus est près de moi en cet instant, Jésus m'aide à surmonter cet obstacle. » L'expérience humaine prouve que celui qui souhaite – sans imposer ses vues à autrui – devenir meilleur, le devient.

La méditation

Cette technique très accessible vous aidera à engager dans les meilleures conditions vos voyages dans le passé. La méditation n'est pas seulement une science réservée à quelques maîtres exceptionnels. Chacun médite, sans s'en apercevoir, car la durée habituelle n'excède pas une ou deux secondes. N'espérez pas toutefois atteindre le « nirvâna » ou « l'absence de pensée et de sensation » avant un bon entraînement. Vous aurez alors accès à ce que les taoïstes appellent « ce qui n'a ni nom, ni saveur, et qu'on ne peut toucher », et que les chrétiens appellent « béatitude (1) ». Vous pratiquerez cet exercice, tranquillement assis dans un fauteuil, au calme, les yeux fermés, pendant quinze à vingt minutes. Inutile de prendre la position du lotus ou de vous contorsionner. Mettez-vous à l'aise, simplement. Il se peut que vous perdiez la notion du temps, ce qui est un signe favorable. Vous descendrez dans les profondeurs de votre Soi, votre respiration deviendra très lente, imperceptible.

(1) *La Voie et sa vertu*, de Lao Tseu, Points-Seuil. *Tac mystérieux et grand* de Vincent Serralda, Sand.

Pour vous aider, utilisez un mantra

Le mantra est un son qui a un effet bénéfique. Les plus connus des mantras sont votre nom et votre prénom, qu'on vous a répétés des milliers de fois, et qui provoquent une vibration sonore en vous, le plus souvent favorable. Vous pouvez utiliser votre prénom comme mantra pour vous féliciter après un succès, ou pour vous remonter le moral, mais en aucun cas pour méditer.

Voici une liste de mantras chargés d'ondes positives depuis des siècles ou des millénaires. Ils contiennent de grandes espérances, d'innombrables remerciements. Des centaines de millions de personnes ont évoqué avec ardeur, humilité, enthousiasme et joie, le principe contenu dans ces noms, le principe divin. Les plus grands mystiques de l'humanité ont trouvé en eux la voie de la sagesse. Même pour le commun des mortels comme vous et moi, ils sont merveilleusement lumineux. Répétez le vôtre douze fois, ou par série de douze.

Ces noms sont :

- Jésus,
- Om,
- Rama,
- Brahma,
- Marie,
- Yahwé,
- Krisna,
- Allah,
- Shiva.

Vous constatez que, hormis Om et Marie, les autres sont différentes appellations de Dieu.

Choisissez celui qui vous convient, après en avoir, au besoin, testé deux ou trois.

- Vous le prononcerez mentalement, ou à voix haute, en expirant et en soufflant.
- Vous aurez tendance à dédoubler les syllabes : Jé-é-su-us, ou Ra-a-ma-a.
- Dites-le en soufflant, puis en expirant.
- Par exemple, Marie expirée, Marie inspirée.

Répétez ce mantra avec respect, lentement, en vous imprégnant de sa vibration. Puis, en silence, de plus en plus lentement. Cela permettra à votre énergie de s'intérioriser, et vous approcherez de l'état contemplatif. Au début, si vous parvenez à demeurer trois ou cinq secondes à ce stade, ce sera beaucoup.

Lorsque des pensées parasites vous distrairont, revenez lentement à votre mantra, en le répétant douze fois. Laissez sa vibration se propager dans tout votre être.

Cette technique de méditation permet le plus souvent de libérer des tensions physiques ou psychiques. Vous pouvez aussi l'utiliser avant de vous rendre à un rendez-vous important, ou bien dans une salle d'attente, dans le train ou le bus. Si vous avez tendance à vivre sur les nerfs, quinze minutes de méditation matin et soir vous relaxeront. Dans ce cas, utilisez de préférence Om, Marie ou Rama comme mantra.

Se libérer du poids de la souffrance

Un problème, un handicap peut devenir source de richesse intérieure ; certains moments pénibles dans vos précédentes incarnations peuvent devenir source de renouveau, de compréhension, voire de miséricorde.

Par exemple, avoir été un assassin peut vous éviter de le redevenir, car vous aurez compris que la violence ne fait que libérer la violence, dont nul n'est maître. Le bourreau devient victime et la victime bourreau, ce n'est pas seulement une loi psychologique, mais aussi une des lois du karma.

Une de mes vies les plus dramatiques se déroula dans les Alpes. Le village où je vivais était sale, misérable, ignoble. Il n'y avait pas de chemins, simplement de la boue, des tas de fumiers, des animaux sales, des gens méchants. Je détestais tout le monde, et tout le monde me détestait. On me traitait de bête. Les enfants se moquaient de moi. J'étais l'idiot de ce village. J'étais grand et fort. Idiot. Je pensais que les autres étaient davantage que moi-même des bêtes. La plupart du temps, ils se contentaient de me rejeter, car ils craignaient ma force. J'étais bon pour faire les travaux de bête de somme, nourri des restes. Les filles, je n'y pensais même pas. J'aurais bien voulu être ami avec les enfants ou les animaux, mais, quand je parlais, c'étaient des mots crachés, des grognements hostiles, des gestes saccadés. Personne ne m'aimait, à part ma mère… du moins, je m'en persuadais. J'habitais avec elle une maison dont la porte était très basse, peut-être un mètre vingt de haut. Je vivais désolé, révolté, écœuré. Ce village respirait l'abandon, le cul-de-basse-fosse, la fin du monde. Les maisons puaient, les gens puaient, ils étaient laids, méchants… Un jour, je croisai le curé. (Je me souviens nettement, même aujourd'hui, de son visage.) Il portait une soutane, une sorte de revers bordé d'argent, et une grande croix, genre croix de Malte, sur la poitrine. Est-ce à cet instant que l'idée germa ? Il était l'amant de ma mère, et me dégoûtait plus que les autres. Nous échangeâmes un regard, il se retourna pour me suivre des yeux, sans s'arrêter. J'entrai chez moi. Il n'y avait qu'une pièce, au sol en terre battue. Je le rejoignis dans l'église, et là, au milieu de la nef, je le poignardai.

En cet instant je compris vraiment que j'étais fou, et vraiment idiot, comme ils disaient. Je m'enfuis. Mais un homme, juché sur une vache, me bloqua à l'entrée du village, le long de l'unique route qui permettait d'échapper à ces montagnes. Il me piqua d'un bout de bois, en me disant que je ne m'échapperais pas, me fit reculer. Déjà les autres arrivaient, j'entendais leurs pas. Je regardai de tous côtés, comme un animal traqué. Puis je sentis mes épaules s'affaisser, et des sanglots horribles jaillirent de ma gorge, un hurlement de loup dépecé vif. Deux gendarmes, en pantalon jaune, préférèrent ne pas se trouver là et s'éloignèrent vers la forêt.

On me fit traverser le village sous les huées, les quolibets et les crachats. On me jeta des pierres, des fruits pourris, de la boue, on me rua de coups de pied, on me pinça. Les chiens me mordaient. Personne ne m'aida. Personne. Cette idée me faisait pleurer de rage et de honte. J'étais le vrai paria, celui que même la petite vieille ou le gentil patriarche n'ose pas défendre. Le dernier degré de l'humanité. Puis on m'attacha sur un grand cercle de bois, que je pus voir de près : une grande roue de charrette. On m'adossa contre un surplomb, on s'amusa à me piquer, à me bourrer de coups de pied. Je trouvai la force de les insulter. Je pus leur dire ma haine. C'étaient eux, les bêtes, les sales bêtes. Pour finir l'un d'eux me castra à l'aide d'une serpe, au milieu des rires et des pierres.

Je quittai mon corps plein de haine, continuant à les insulter. Je montai à toute vitesse, je vis de très haut les Alpes, et le mont Blanc. Le paysage s'agrandit encore. J'étais à plusieurs kilomètres du sol. Je sus que j'étais mort. Brusquement, je me retrouvais dans un endroit horrible : gris en haut, gris en bas, gris devant, gris derrière. Il n'y avait personne. J'étais seul, seul. Je ne sentais rien, ne voyais rien, ne savais rien. Il n'y avait nulle part où aller.

Je ruminais très longtemps ma colère, peut-être durant ce qui me parut vingt ans, obsédé par ma haine. Je ne pensais à ce curé que pour le haïr, et jamais à ma mère. Puis, au bout d'un temps extrêmement long, je me calmai, et je rencontrai Jésus, ou, en tout cas, son archétype : un être de pure lumière, de bonté, qui m'aimait. Il m'aimait. Son amour me libéra du désespoir. En cessant de haïr, j'avais mis fin à mon isolement. Je pus me réincarner, dans une vie bien plus agréable et reposante, assez solitaire quand même, mais qui me plaisait : bûcheron itinérant en Alsace ou en Allemagne. J'eus peu de contact avec les autres, mais j'aimais la forêt, le silence, les rivières, la nature. Ce fut une vie de transition.

Cette vie d'idiot du village fut, on s'en doute, particulièrement marquante. Durant des semaines, après l'avoir revécue, je restai plein de haine pour ces gens qui m'avaient tué, plein de ressentiment, de dégoût pour ce village. Puis, je me sentis soudain très bien. Formidablement bien. J'éprouvai même de la compréhension pour ce pauvre curé, qui m'apparut, avec le recul, comme un être plutôt intelligent, froid, mais pas mauvais homme.

J'interrogeais un gendarme, qui put situer l'époque entre 1750 et 1830, car c'est le seul moment où les gendarmes portaient des pantalons jaunes. Il me reste maintenant à entreprendre des recherches historiques. Mais comment retrouver la trace de cet assassinat, suivi d'un meurtre, dans un village d'analphabètes ? J'accepte volontiers l'aide de mes lecteurs. S'ils détiennent des documents familiaux, ou des références qui peuvent m'être utiles…

Par la suite, d'autres réflexions me vinrent. Dans cet univers gris, j'avais la nette conscience de me trouver au purgatoire. Sans odeur, sans variation de lumière, sans personne.

C'était un endroit horrible, mais ce n'était pas ce qu'on peut appeler l'enfer. Ce qui me faisait souffrir, c'était de constater que, quel que soit l'endroit où je portais le regard, il n'y avait rien, sinon mon reflet. Les déplacements étaient inutiles, car je n'avançais pas, tout était identique, en haut, en bas, dans toutes les directions. Une amie à qui j'en parlai me dit que cela évoquait le shéol juif, le sein d'Abraham dont parle l'Évangile lors de la résurrection de Lazare. Ce n'est pas l'enfer – la Géhenne – mais un endroit où l'on est, effectivement, privé de toutes sensations.

Depuis, je sais qu'existe une sorte de sas de sécurité, où sont propulsés ceux qui sont formés de haine au moment de leur mort. Qu'en penser ? Ai-je éprouvé ce que connaissaient déjà les juifs voilà très longtemps ? Ma solitude et ma colère m'avaient propulsé dans cet endroit. J'avais été, comme tant d'hommes, l'artisan de mon propre malheur.

La respiration

Les hindous et bouddhistes sont artistes de la respiration. Les soufis (mystiques musulmans) vont jusqu'à dire que « l'islam est une gymnastique respiratoire ». Ils évoquent Dieu selon des rythmes d'expiration et d'inspiration. Les moines ont inventé des chants dont la beauté nous émerveille par-delà les siècles.

Maîtriser sa respiration, c'est se donner les moyens de canaliser son énergie, de la transformer. Au chapitre précédent, vous avez appris à sentir l'air entrer et sortir de vos narines, puis à suivre son périple dans les profondeurs de vos poumons. Vous pouvez maintenant apprendre à saisir son va-et-vient, sentir le mouvement ondulatoire que provoquent votre respiration et votre cœur.

Cette technique vous y préparera :

- Inspirez en comptant lentement jusqu'à 4.
- Expirez en comptant lentement jusqu'à 4.
- Inspirez en comptant lentement jusqu'à 2.
- Expirez en comptant lentement jusqu'à 2.
- Inspirez pendant une seconde.
- Expirez pendant une seconde.
- Gardez les yeux fermés. Faites cet exercice régulièrement, dans le bus, au bureau ou à l'usine.

Dans un deuxième temps, ajoutez-y votre mantra.

- Par exemple Jésus en inspirant jusqu'à 4, Jésus en expirant jusqu'à 4, puis 2, puis 1.

En cas de panique, accélérez le rythme, pour vous introduire volontairement dans votre respiration ; décidez d'être aussi débridé qu'elle, afin de la dominer.

L'épreuve choisie

La vie nous teste à notre mesure. Il se peut que vos rétroprojections vous offrent une opportunité de rencontrer ce que vous craignez le plus. Après avoir apprivoisé la souffrance selon les techniques précitées, affrontez les difficultés dans vos vies antérieures. Par exemple, Bruno avait une peur bleue des insectes et araignées, il découvrit une incarnation où il avait péri dévoré par les fourmis. Véronique, obèse, mourait de faim dans trois incarnations connues. On pourrait multiplier les exemples de personnes ayant vu leurs troubles se réduire, voire disparaître. Vous pouvez aussi être confronté à un moi ancien, grimaçant ou amoral. Si vous êtes religieux, avoir été voleur ou prostituée ; si vous êtes intolérant, avoir été homosexuel ; si vous êtes riche, avoir été misérable, humilié...

Si l'idée d'avoir été quelqu'un qui vous semble méprisable ou ignoble vous révulse, choisissez d'explorer à fond ce mystérieux passé. Ces rétro-progressions sont des plus captivantes. Elles vous permettront de révéler des dimensions cachées de vous-même. Votre compréhension des hommes s'approfondira, votre conscience s'élargira. N'hésitez pas à revivre plusieurs fois ces incarnations difficiles, afin d'en retirer de multiples enseignements. L'humilité n'est-elle pas le premier pas vers la sagesse ?

Juste avant la mort

Quand une mort passée se présente, remontez quelques heures, puis quelques minutes plus tôt, pour retrouver l'environnement de l'époque, avant que le drame ne se produise, pour bien l'intégrer. Ce traumatisme sortira de l'inconscient karmique pour devenir du conscient assimilé. Revivez l'attaque ou la mort, affrontez la situation, et rapportez-en des éléments de réponse pour vos problèmes d'aujourd'hui. Par exemple, revenez sur le champ de bataille, avant le déclenchement du combat, lorsque les armées en présence se préparent. Ou bien, si vous avez été condamné, revivez le jugement, regardez bien les personnes qui vous entourent, les paroles qu'elles prononcent.

Mike est un gaillard de trente ans. Il adore le bateau. En revanche l'orage le terrifie : il se recroqueville, à s'en cacher sous la table. Dans une vie antérieure, il a passé des années sur une galère. Il a fini par aimer le roulis, mais il a été tué par la foudre, enchaîné, et cette terreur l'a suivi dans sa vie actuelle. Depuis qu'il a revécu ce passé – en revenant au jour de sa mort –, il n'a plus peur de la foudre, et adore se placer devant la fenêtre pour admirer les éclairs.

Approfondissement thérapeutique :

Lorsque vous reviendrez au présent, cherchez des moments où vous vous êtes trouvé dans une situation similaire. Aviez-vous un ennemi qui ressemble à un ennemi actuel ? Un problème qui ressemble à un problème actuel ? Craignez-vous de périr noyé, brûlé ? Que pèse cela, comparé aux progrès attendus de votre âme ? En procédant ainsi, vous tirerez parti des manques et des tares de vos êtres antérieurs.

Les esquives, les ripostes

Comme nous l'avons vu, esquiver ne résout pas le problème. Pour échapper à une difficulté, il vous arrivera spontanément de basculer dans une autre existence, plus agréable. Cependant, efforcez-vous de trouver les ressources pour aller au bout de vos précédentes incarnations. Vous pouvez fuir, dans un premier temps, en revenant lentement au présent et sans oublier d'en rapporter une indication. La fois suivante, en relaxation, laissez jaillir les raisons qui vous ont incité à fuir. Analysez-les tranquillement, afin d'être mieux armé à l'avenir. Lorsque vous êtes prêt, sentez les énergies circuler dans votre corps, sentez la chaleur de votre corps, voyez la lumière de votre corps, puis libérez votre âme et accompagnez-la dans son voyage.

Claire était obsédée à l'idée de perdre les gens qu'elle aimait (cela avait été le cas jadis), mais savoir qu'elle pouvait les retrouver dans une vie ultérieure la rendit heureuse.

Enfin, je le répète, vous avez parfaitement le droit d'esquiver. Si vous n'avez pas trop de problèmes ou si vous estimez que vous êtes plutôt évolué, libre à vous de ne revivre que vos vies agréables. Dès que l'angoisse surgit, revenez au présent, puis rendez-vous dans une autre époque. Cependant, à la longue, vous risquez de vous lasser.

Comment rester dans la même vie

Pour éviter que la fantaisie ne l'emporte sur votre passé, lorsque vous sentez que votre imagination vagabonde, incarnez-vous dans votre moi ancien. Regardez vos mains. Tiennent-elles quelque chose ? Sentez votre peau : avez-vous froid ou chaud ? Sentez ce que sent votre moi ancien, voyez ce qu'il voit. Adoptez sa taille, sa démarche, son port de tête, etc. Progressivement vous allez pouvoir le revivre de l'intérieur. Si des paroles vous viennent aux lèvres, laissez-les jaillir, même si elles sont dans une langue incompréhensible.

Vos pouvoirs secrets

Au cours de votre existence, vous avez constaté plusieurs fois que vous étiez parvenu à vous sortir d'une situation apparemment sans issue. Des périodes de découragement ont préparé des mutations, qui se sont révélées bénéfiques. Vos forces inconscientes ont agi de manière souterraine, puis un choix s'est imposé à votre esprit. Ces forces inconscientes, vous pouvez les découvrir et les utiliser, par le biais de la psychanalyse, de la psychothérapie, de la quête spirituelle, et également par vos rétro-progressions. Vous allez découvrir dans votre passé une puissance insoupçonnée, qui demeure accessible aujourd'hui.

Par exemple, j'ai été une esclave noire, dans les Antilles néerlandaises. Cette vie-là, voilà trois siècles, a été éprouvante, et assez brève : je mourus avant trente ans. Je fus contrainte de maîtriser les forces de l'occulte pour survivre et pour conserver un minimum d'intégrité spirituelle. J'approfondis ma connaissance religieuse. J'étais bien sûr « animiste » ; c'est le terme qui désigne la respectable religion africaine, fondée sur les énergies des éléments. J'étais capable d'appeler l'esprit de la terre, du vent, du feu et de l'eau.

Au XXe siècle, Français mais pas vraiment cartésien (!), je tentais l'expérience : appeler l'esprit du vent. Aussi farfelu que cela paraisse, cet esprit du vent se présenta, sous la forme d'un rapace, très proche de l'oiseau de fer des chamans. Il accepta très vite de me servir de guide.

On peut certes objecter qu'il s'agit d'un fantasme issu de l'inconscient collectif, ou d'un archétype produit par le psychisme. Mais, là encore, je précise ne détenir aucune certitude valable pour autrui. Que chacun en fasse l'expérience.

D'autres incarnations – qui n'entrent pas dans le cadre de cet ouvrage – m'ont persuadé qu'une des grandes joies des rétro-progressions est celle-ci : on se souvient toujours de ce que l'on a appris dans le passé.

La force intérieure

En vous gît un trésor, dont nul ne peut vous spolier. Que vous l'appeliez fierté, dignité, intégrité, âme, intuition supérieure, ou Soi, peu importe. Il s'agit de votre énergie vitale que libèrent vos expéditions.

Vous aurez peut-être la chance de rencontrer le Vieux dans la Forêt, ce sage intérieur dont les conseils sont toujours justes. Vous pouvez le croiser par hasard lors de vos remontées, ou, plus tard, aller à sa rencontre.

Vous le reconnaîtrez facilement : quoique très différent de vous, vous vous sentirez proche de lui, plus proche que d'un frère ou d'un père.

Il pourrait s'agir de votre double, mais il est plus que cela. C'est le maître de l'inconscient, la parcelle divine que Dieu offrit en partage à chacun.

Le don

Nous avons vu que vous pouviez demander de l'aide à votre moi actuel. Un autre point important est d'aider les êtres en difficulté. Si, dans une vie passée, vous avez souffert d'adultère, ne cherchez pas à le faire payer à votre partenaire actuel. Si vous avez été humilié, inversez cette souffrance, et respectez autrui. Cela peut sembler du prêchi-prêcha, sauf quand on vérifie que nos énergies sont neutres, et que nous-mêmes les chargeons en négatif ou positif. Bien sûr, cela perturbe de confortables certitudes... De même, retrouver un geste de bonté dans le passé peut vous aider à rester bon dans le présent.

Amis et alliés karmiques

Dans la plupart de vos vies, vous avez connu des moments de joie. Il y a toutes les chances pour que vous ayez eu au moins un ami. Lorsque vous l'aurez trouvé, revivez à fond cette amitié. Peut-être, non loin de vous, se trouve un être que vous appréciez depuis des millénaires.

Avant le retour vers le présent

Pour intensifier la signification actuelle de vos vies antérieures, voici un exemple de formule à prononcer, que vous pourrez, bien sûr, adapter.

« Je suis parti explorer le passé de mon âme, pour en retirer un message me permettant d'évoluer... Ce message m'attendait depuis longtemps, il va m'être délivré sans difficulté. Quel qu'il soit, je l'accepterai sans le commenter ni le refuser, et je le laisserai mûrir en moi jusqu'à ce que j'en ai compris la profonde signification... »

Juliette, charmante dame blonde aux yeux bleus, était née voleuse, comme nous l'avons vu. Elle commit son premier forfait à l'âge de quatre ans en dérobant un porte-monnaie. Cette action inexplicable la hanta longtemps, ainsi que les raisons qui la poussaient à tuer des poules d'un coup de bâton expert. À dix ans, elle découvrit une statue de Shiva et déclara : « C'est mon maître, le dieu de la danse. » Elle haïssait les Polonais. Dès qu'elle entendait cette langue, elle avait peur et devenait très agressive. Ses rétro-progressions permirent de découvrir qu'elle avait été longtemps gitane en Europe de l'Est. De ses décennies de vie errante, elle avait conservé le goût des voyages, et un fort don pour les langues. Elle s'était réincarnée aujourd'hui dans une famille de mariniers, car une vie n'aurait suffi à s'habituer à une vie de sédentaires. De même, elle ne supportait pas l'idée d'être enfermée. La prison l'aurait tuée. Notons qu'on retrouve ici une règle fréquente des réincarnations ; on ne naît pas n'importe où, mais dans un endroit qui sert de transition avec l'existence que l'on a quittée. Ce qui explique pourquoi on emporte des éléments des vies antérieures dans la vie présente, nos vies formant une chaîne d'argent à travers les siècles. Adolescente, Juliette avait été danseuse et chanteuse. Puis elle avait été réduite en esclavage, attachée et emprisonnée. Elle se souvint des insultes qu'elle adressait à ses « propriétaires ». Autant elle « reconnaît » les paysages polonais (sur les photos, ayant peur de s'y rendre), autant, en France, elle ne « reconnaît » rien. Elle avait été, dans une vie suivante, sorcière noire, jetant des sorts et s'échinant à porter malheur. Quand elle est morte, les siens ont brûlé sa roulotte (1).

(1) C'était une coutume dans certaines tribus. Voir *Le Monde des tsiganes*, de François de Vaux de Foletier, Berger-Levrault. *Voyage et tradition*, d'Édith Falque, Payot. *Mutation tsigane*, de Jean-Pierre Liégeois, Complexe. *Tsiganes et gitans*, de Jean-Paul Clébert, Le Chêne.

Dans sa jeunesse actuelle, elle parvint à dominer la méchanceté, la malhonnêteté, pour mener une conduite pure, qui dura toute sa vie. Ce qui renforce l'idée qu'un handicap puisse devenir un atout. Cela permit aussi de développer ses dons de voyance, de radiesthésie, de télépathie. On constate souvent que la capacité de ressentir s'amplifie lors de cette quête spirituelle. Loin d'isoler de la réalité, les rétro-progressions nous en rapprochent. La spiritualité occupe une grande part du temps de Juliette. Elle est devenue pacifique, a cessé d'en vouloir aux Polonais.

Aujourd'hui, elle parvient même à communiquer avec son mari disparu.

« Il était athée, me confia-t-elle. Je lui avais dit : "Si tu meurs avant moi, viens me rendre visite". Il l'a fait. Il était loin à ce moment, mais il est venu me dire au revoir. Il s'est allongé près de moi, m'a tendu la main. Le lendemain, quand j'ai appris la nouvelle de sa mort, je n'ai pas été surprise. »

Nous finissons par découvrir que cette existence est son avant-dernière réincarnation. Elle s'est montrée si bonne, si soucieuse de faire le bien, qu'elle va revenir pour une ultime existence sainte. De nouveau femme, elle y jouera un rôle de leader spirituel pour éclairer les hommes, à l'aube du troisième millénaire.

L'histoire de Juliette montre clairement pourquoi et comment il n'y a pas de mauvais karma. Chacun peut améliorer sa destinée, et entreprendre sa libération de la chaîne des réincarnations.

Nous allons maintenant examiner les différentes chances qui s'offrent à vous de réparer vous-même votre karma.

Chapitre V

Réparer son Karma

À l'échelle de l'éternité, nous sommes tous nés sous une bonne étoile. Mais nous ne savons pas toujours où elle se trouve ! À la longue, pourtant, chaque âme dispose de suffisamment de chances de la trouver. Vos rétro-progressions seront tour à tour passionnantes, ennuyeuses, bouleversantes, etc. Il ne tient qu'à vous qu'elles soient utiles aujourd'hui.

En dissipant les brouillards qui obscurcissent votre psychisme et votre comportement, vous réveillerez votre bonne étoile. Le karma est réparable. Et le mieux placé pour cela, c'est vous.

AURÉLIE ET SON KARMA

Nous avons étudié, au début de cet ouvrage, une vie passée d'Aurélie. Elle se trouvait en Normandie, occupée à cueillir des pommes, quand elle dut interrompre la séance. Nous découvrîmes par la suite pourquoi. L'angoisse qui avait interdit à ce souvenir de remonter était justifiée. Une troupe d'hommes en armes envahit le village, massacrant à peu près tout le monde. Ce n'étaient pas des bandits, ni une armée organisée, mais une sorte de horde de rebelles.

Laissée pour morte, elle sortit du coma plusieurs jours plus tard. Elle erra dans le village. À peine reconnut-elle la douzaine de personnes qui avaient pu se cacher en attendant le départ de cette horde. Toute sa famille était morte. Elle-même ne survécut que quelques mois.

Dans une autre existence, elle était l'épouse d'un homme distant, qui un jour la quitta. Elle attendit en vain son retour, seule avec trois enfants. Mais il ne revint jamais. Elle se culpabilisa, estimant qu'elle n'avait su le rendre heureux, qu'une autre femme l'avait attiré.

Elle avait également vécu dans la peau d'un Espagnol, resté vieux garçon dans son village. « Elle » se méprisait profondément, et, sous des dehors bigots, en voulait à la terre entière.

J'ai insisté sur ce cas parce qu'il me semble significatif. Souvenons-nous : Aurélie était une personne effacée, manquant de confiance en elle, volontiers fautive, qui redoutait que son mari ne s'ennuie avec elle, et ne la quitte. Elle éprouvait une secrète agressivité envers les femmes, et trouvait prétentieux de s'aimer.

Les différents points sur lesquels je l'invitais à travailler peuvent vous être utiles. Ne perdez plus un jour avant de les mettre en pratique. Cette méthode, poursuivie sans découragement, changera votre vie. Comme elle a changé la vie de nombreux consultants. Je vous le garantis.

- **Tout en continuant ses rétro-progressions, Aurélie décida de prendre en charge son karma.** La chance lui étant donnée de mettre en évidence son scénario inconscient, elle n'avait pas l'intention de l'engloutir dans l'oubli.
- Elle admit que l'image qu'elle avait d'elle-même ne convenait pas à sa personnalité réelle.
- Elle décida d'harmoniser son comportement avec sa vraie nature.
- **Elle s'incarna dans son ennemi (voir plus bas comment s'y prendre) :** dans ce cas, il s'agissait des autres femmes. Elle persista durant des mois, sans essayer de trouver des justifications à ses sentiments négatifs. Chaque fois qu'elle détestait une femme, elle passait une heure à se dire : « Je suis elle, je suis elle... J'ai son physique, l'intonation de sa voix, sa situation familiale, professionnelle... Quel effet cela me fait-il ? » Elle parvint à se mettre à la place de l'autre, à comprendre ses raisons. Ses échanges devinrent plus sereins, puisqu'elle n'était plus sur le qui-vive.
- **Elle s'incarna dans le sexe opposé :** dans ce cas, son mari. Elle se laissa imprégner par ses sentiments, éprouva l'amour qu'il éprouvait pour ses enfants, le plaisir qu'il avait à rentrer à la maison. Faut-il souligner que sa crainte de le voir disparaître s'effaça ? Elle l'accueillait avec la vraie joie qu'elle ressentait, sans se laisser empoisonner par les ombres du passé.

- **Elle accepta l'amour qu'on lui portait** : au lieu de se demander sans cesse pourquoi on pouvait bien l'aimer – elle avait tant de défauts, n'est-ce pas ? – elle admit la réalité. Ce n'était pas à elle d'évaluer les sentiments d'autrui, ni de trouver de multiples raisons pour limiter sa valeur aux yeux de son mari, des gens qu'elle rencontrait.
- **Ce mécanisme de crainte était en fait une forme d'autodéfense.** Elle admit que presque personne ne lui en voulait vraiment, qu'elle n'avait donc pas à se protéger. La seule protection efficace était l'ouverture, la souplesse, la bienveillance.
- **Elle comprit qu'elle ne changerait pas les autres**. Eux seuls pouvaient le faire, s'ils voulaient. Elle accepta comme une évidence, imparable et naturelle leur hostilité éventuelle. Si un homme se mettait en colère, c'était sa colère à lui, pas la sienne propre. Quand son mari était énervé, elle se répétait mentalement : « Laisse-le dire ce qu'il veut dire, c'est son émotion qui parle, il a besoin de ça, ce n'est pas si grave, ma vie ne va pas s'effondrer pour autant. » Au lieu de le brusquer, elle commença à lui poser des questions, afin qu'il épuise ses arguments.
- **Elle décida de s'intéresser systématiquement à toute personne lui paraissant ennuyeuse**. Et découvrit, on s'en doute, que presque toujours il s'agissait d'une projection de sa part. Redoutant d'être ennuyeuse, elle distribuait généreusement ce sentiment autour d'elle.

Citons, pour mémoire, le cas de ce fonctionnaire qui n'avait jamais obtenu de promotion. Dans son dossier était marqué ce signe particulier : « Il boit. » Un jour, il finit par s'étonner. On ressortit son dossier... et on lui expliqua. Or, cet homme ne buvait pas, mais boitait... Une faute d'orthographe avait suffi pour en faire un laissé-pour-compte.

N'agissons-nous pas souvent ainsi ? Si, avant de rencontrer une nouvelle personne, quelqu'un nous a aimablement dressé la liste de ses défauts : « Cet homme est malhonnête... il est très dur... C'est un faible, un homme versatile... Cette femme est méchante... elle ne pense qu'à elle... elle est superficielle... Prête à tout pour arriver... Ce couple a beaucoup de problèmes... Cet enfant est un cas social, il ne peut réussir... », notre attitude est-elle spontanée, ou encombrée de préjugés que le moindre comportement va alimenter ? Nous nous attendons à ce qu'ils agissent selon nos fantasmes (au sens propre du terme). Chaque jour, répétez à un enfant qu'il est maladroit ; vous étonnerez-vous du nombre d'assiettes qu'il cassera ?

Elle décida donc de faire taire les rumeurs négatives, en commençant par celles qui circulaient dans son esprit.

- Elle accorda à l'autre le droit d'être ce qu'il était, et parfois le contraire. Ce faisant, elle s'accorda ce droit à elle-même.

Elle décida de se rapprocher de ses buts.

- Puisqu'elle était ambitieuse, elle décida de laisser s'exprimer cette part d'elle-même. Elle chercha du travail, en trouva bien sûr.

Elle accepta les risques de la vie.

- Son mari, après tout, pouvait bien partir, s'il était vraiment malheureux. Mais il ne l'était pas... Ses enfants pouvaient être renversés par une voiture. Elle devait les aimer aujourd'hui.

Bien sûr, ces différents aspects de thérapie karmique ne correspondent pas entièrement à votre itinéraire. Mais ils peuvent vous servir de base de travail. Au fur et à mesure, vous les nuancerez et les adapterez à vos problèmes et à vos désirs.

L'après-vie

Une religieuse bouddhiste, supérieure d'un couvent en Thaïlande, me dit un jour :

« L'homme méchant redevient un animal, l'homme bon un homme.

– Et les hommes moyennement méchants ? demandai-je.

– Ils reviennent dans le corps d'une femme », me répondit-elle dans un bon sourire.

Cela me fit beaucoup rire. La femme serait donc un être intermédiaire entre « le bas animal » et le « haut homme » ? On le voit, les déformations culturelles atteignent aussi les réincarnationnistes. Bouddha n'a jamais considéré les femmes comme des êtres inférieurs, ni les miséreux comme ayant « mérité » leur misère... Il y a en Inde des millions d'aveugles. L'introduction massive du savon, de l'eau de javel, d'antibiotiques réduirait massivement leur nombre. Dans ce cas, voilà un « karma » bien urgent à réparer.

Comme vous le découvrirez en approfondissant vos recherches, les plans qui suivent la vie terrestre restent assez proches des nôtres. Il y règne parfois méchanceté et jalousie. Les médiums nomment « bas astral » ce sombre royaume. Certaines âmes, incapables de se détacher de la terre, enchaînées par la haine, y demeurent. Elles tentent parfois d'y entraîner les hommes.

C'est sur cet autre plan que se rendent les âmes hostiles à leur progrès karmique. Pour ces âmes cantonnées dans le bas astral, il n'y a guère de décision : elles s'emparent de n'importe quelle vie pour échapper à leur état. Elles restent enfermées dans des chambres d'écho, entendant à l'infini les cris de leurs victimes, sentant chaque minute les tortures infligées aux autres.

Je suis persuadé que celui qui comprend quel rôle il joue dans son destin, réalise que ses actes le poursuivent, s'abstient de graves manquements au respect humain. Il faudrait aider délinquants, tyrans et détenus à revivre leur passé, pour qu'ils voient eux-mêmes les chaînes qu'ils forgent.

Pour la plupart des hommes, le choix de la future réincarnation est une décision personnelle. Les guides servent alors de conseillers. Il règne là-haut un grand amour et une grande beauté. On ne s'y sent pas jugé. Sur les plans lumineux ne sévissent ni haine, ni corruption, ni vengeance, ni punition. Les âmes très claires, dont certaines n'ont jamais été incarnées (celles qui ont choisi de rester avec Dieu au lieu de suivre Lucifer dans sa révolte contre le Créateur) nous aident à faire notre choix. Lorsqu'on se désincarne, on laisse ici-bas les pulsions destructrices, et la bassesse du prédateur qui demeure en nous.

Un prêtre catholique a dit : « Je crois que l'enfer existe, mais que Dieu, dans son immense bonté, le laisse vide. » Jésus n'a jamais condamné personne pour l'éternité, bien au contraire. S'il peut nous sembler choquant que des tyrans politiques ou religieux puissent bénéficier du pardon, n'oublions pas qu'ils ne vivent que quelques dizaines d'années ; leur âme vivra des siècles.

Ce qu'on appelle l'enfer, longuement décrit par *le Livre des morts tibétain* (1), correspond au bas astral. Il ne dure pas toute l'éternité ! Les âmes sont prisonnières de la plus mauvaise part d'elles-mêmes. Hallucinations horribles et souffrances les y attendent, jusqu'à ce qu'elles parviennent à retrouver le chemin de la lumière, même faiblement, afin de pouvoir revenir sur terre.

---

(1) *Le Barda Thödol,* Maisonneuve.

Ce processus psychique est classique. Vous avez sans doute rencontré une personne pleine de haine, de ressentiment, ou souffrant d'un complexe de persécution. Vous avez remarqué que cette personne n'écoute pas ce qu'on lui dit, et fonctionne selon un scénario répétitif ; dès la première phrase prononcée, vous connaissez la suite et la fin de l'histoire, dont le déroulement est justifié par des arguments oiseux. Vous remarquez aussi que cette personne souffre en vain. Ne sortant pas de la spirale de la malédiction ou de la persécution, elle demeure incapable de trouver une issue. Le monde entier, les comportements de ses proches, ou même des passants, alimentent sa désespérance. Pour échapper au cycle de la souffrance, la seule voie est de laisser son âme s'exprimer. L'homme détient la graine inépuisable qui lui permet de fertiliser le champ de sa conscience.

Certaines âmes, pourtant, restent durablement attachées à des comportements névrotiques. Elles transforment leurs traumatismes en pulsions sadiques, en haine, en réflexes de destruction. Ce n'est qu'au bout de plusieurs existences, quand elles admettent qu'il s'agit d'une impasse, qu'elles transmutent leur énergie négative en puissance positive pour elles-mêmes et autrui. En choisissant de se nourrir des expériences passées comme levier d'évolution, ces personnes réduisent la souffrance, s'acceptent, acceptent les autres. En attendant, elles sont condamnées à des incarnations insoutenables. Leur méchanceté est une graine qui germe en leur cœur, et l'empoisonne. Cependant, au moindre désir d'expiation, si elles décident de s'améliorer, les forces secrètes du bien se révèlent et les soutiennent tout au long de leur dur combat.

Il peut paraître scandaleux que l'on se réincarne pour faire le mal. C'est pourtant, sur terre, une évidence.

Dieu ne peut ôter à l'homme sa liberté, en le contraignant à évoluer, sous peine de lui reprendre le plus beau de ses dons. En revenant faire le mal, elles finissent par apprendre. Ajoutons que les souffrances subies ici-bas ne sont pas ressenties de la même façon, lorsqu'on est libéré de la vie. Comme une ancienne rage de dents, que l'on oublie.

Ceux qui ont connu une expérience de vie après la mort savent qu'on ne souffre plus de l'autre côté, hormis dans le bas astral. Des bourreaux ne sont pas affectés par la terreur qu'ils infligent, mais, quand ils meurent, la pleine conscience leur revient : ils deviennent à leur tour une part de l'autre, et souffrent ce qu'ils ont fait endurer. Les masques qui les protégeaient sur terre (puissance sociale, richesse, faculté de manipuler autrui) s'effacent, les laissant exposés aux chocs négatifs accumulés par leur comportement. À l'opposé, la souffrance des victimes se déplace, et Dieu la transmute en joie.

L'inconscient karmique

Ces âmes névrosées agissent selon un scénario inconscient, acquis au cours des vies passées. Chacun est à même de découvrir le sien. Lorsqu'on s'analyse en toute franchise, on découvre des comportements qui ne nous appartiennent pas. Ils se sont formés, en partie, dans la vie actuelle, par imitation inconsciente du modèle parental : le mode d'échange du couple (cris, hypocrisie, plaintes, indifférence...) et les rapports enfants/parents, ou frères/sœurs. Ce sont ces modèles enregistrés qui entraînent des attitudes, des façons de penser, des actes hostiles ou incohérents. Mais les grands traits de ce scénario se sont formés au cours des siècles, entraînant magnétiquement une existence similaire.

Dans la vie présente, le karma s'exprime comme l'inconscient, par des lapsus, des rêves, des comportements aberrants, des choix de vie en désaccord avec le désir profond de l'individu. Il est donc possible de faciliter les rétro-progressions en étudiant son propre comportement. En identifiant les symptômes, on facilite la remontée vers la source. Étudiez-vous objectivement, sans songer à vous condamner. Ne dites pas : « J'ai mal agi », mais : « Comment puis-je agir de façon satisfaisante pour moi et les autres ? » L'introspection vous permettra de gagner du temps lorsque vous embarquerez sur le beau navire qui mène au passé.

Modifier le karma

Modifier la trajectoire de ceux que l'on a été, ne plus subir le poids des drames passés, est un des premiers buts des rétro-progressions. Un autre but important étant, pour qui le désire, l'initiation spirituelle.

Lorsqu'on a remonté un certain nombre de vies, qu'on en a tiré de multiples enseignements, il est temps de soutenir sa dimension positive, de nourrir sa puissance d'amour.

Le plus simple est de réparer. Un don payé dans cette vie acquitte les dettes passées.

Par exemple, celui qui découvre avoir été nazi peut s'occuper d'orphelins, de vieillards. Celui qui découvre avoir été souteneur peut aider à la réhabilitation des prostituées. Celui qui découvre avoir été une femme cruelle peut se comporter avec courtoisie vis-à-vis d'autrui. Celui qui a été idiot du village doit se cultiver et enseigner.

Découvrez ce que vous devez faire pour réparer votre karma, la réponse s'imposera bientôt à vous.

Seul l'amour efface le karma. L'amour est la seule énergie dont les retombées sont toujours favorables. Les retours d'ondes, le niveau de communication s'établissent dans l'ouverture et la bienveillance. La dette karmique ne fonctionne que par rapport à soi-même, à son propre devenir, jamais par rapport aux autres. Si l'on « doit » réparation aux autres, c'est pour soi-même que l'on agit. Le destin de l'âme est individuel. Il ne devient collectif que lorsque l'âme a atteint un très haut degré de pureté, qui lui permet d'annihiler les frontières de la matière en se fondant en Dieu, en devenant Dieu.

S'incarner en son ennemi

Aime ton prochain comme toi-même, dit Jésus. Idée impossible, mais qui devient plus compréhensible quand on comprend que « prochain » est synonyme de « toi-même ».

Le comportement des autres peut nous sembler scandaleux, répugnant, ridicule, etc. Nous pouvons estimer que des ethnies, des classes sociales sont inférieures, perverses, idiotes, etc. Mais n'étions-nous pas bien pires, jadis ? N'avons-nous pas été l'un de ces parias maltraités ? Un homme d'une race humiliée ? Une femme de classe sociale très basse ?

Vous avez pu être votre pire ennemi durant une vie passée.

Georges, chrétien, a retrouvé une vie très ancienne. Il était cannibale, en Afrique, voilà sans doute plus de dix ou vingt mille ans, car il n'existait, dans ce village de huttes de branchages, ni outil, ni sculpture, à part un totem – une peau de tigre clouée sur un tronc d'arbre, la gueule tournée vers la lune. Il ne s'agissait pas du cannibalisme tel qu'on le représente, mais d'un acte profondément religieux.

La victime appartenait à une tribu voisine. Il n'était pas prisonnier, mais une force magique l'empêchait de se sauver. Les enfants s'en servaient – gentiment – comme souffre-douleur. Deux ou trois ans passèrent, on finit par ne plus faire attention à lui. Jusqu'au jour où, à la suite d'une série de malheurs, le prêtre-sorcier décida qu'il fallait sacrifier quelqu'un pour satisfaire les esprits de la nature. Les hommes de la tribu entamèrent plusieurs semaines de discussion rituelle, pour savoir qui devait mourir.

On évoqua les noms de tous les hommes. Chacun devait alors justifier son existence, et trouver un témoin le déclarant indispensable à la bonne marche du monde. Bien sûr, chacun savait depuis le début qui serait la victime. Quand vint le tour de l'homme, il ne trouva personne pour le défendre. Il ne chercha pas à le faire lui-même. Il accepta avec dignité la sentence, nécessaire à l'équilibre des forces souterraines.

On lui fit fête durant une lunaison. Il fut couvert de cadeaux. Le prêtre-sorcier ordonna à ses six femmes de coucher avec lui. Puis, lorsque revint la pleine lune, un grand brasier fut dressé sur une pierre plate. Trois cercles se formèrent : à l'extérieur, les femmes dansaient pour interdire l'entrée des esprits de la forêt. Puis, au milieu du village, les enfants, harmonie entre l'homme et la femme. Enfin, à l'intérieur, autour du brasier, les hommes en tenue guerrière ; à l'aide de pierres pointues, ils s'étaient gravé dans la chair des figures d'animaux et des lunes.

On porta le totem près du brasier, puis on donna des herbes à l'homme pour lui éviter des souffrances. Drogué, il fut jeté dans les flammes. L'assistant du prêtre le fit cuire comme un animal, avec soin, puis le découpa et en distribua un morceau à chacun.

Les guerriers mangèrent en silence, sous la lune. Lorsque le repas fut terminé, les os furent enterrés sous la hutte où il avait vécu. Le prêtre chanta un chant sacré, réservé à cette occasion. Enfin, les hommes traversèrent le cercle des enfants et des femmes pour se perdre dans la forêt. Chacun devait y demeurer seul trois jours et trois nuits pour méditer et rêver.

Georges fut d'abord choqué de retrouver une vie de « païen », de « barbare », de « mangeur d'hommes ». Puis il se souvint que lui aussi mangeait symboliquement le corps de Jésus. Et que ce corps de Jésus était bel et bien celui de son « ennemi ». Il désirait accepter l'alliance, mais n'avait-il pas tendance à se comporter à l'inverse de ce que Jésus lui demandait ?

S'il advient que vous ayez jadis été un ennemi, profitez de l'occasion pour vous incarner en lui. Entre votre ennemi et vous, il n'existe que la frontière qui sépare l'homme... de l'homme.

Les intermèdes entre les incarnations

La durée qui sépare deux incarnations est assez variable. Pour l'instant, nul n'a pu comprendre exactement comment cela fonctionnait. Il semble que le temps de préparation dépende de la nature de l'âme, pressée de fuir une situation terrible en prenant la première incarnation disponible ; ou, à l'inverse, désireuse d'apprendre, ou encore nonchalante. Cette durée peut aller de quelques jours à vingt ou trente ans. Cela explique que l'on puisse communiquer avec certains disparus, pendant ce laps de temps.

Durant cet intermède, de nouvelles chances de réparer notre karma s'offrent à nous.

Pour peu que l'on se prépare durant la vie terrestre, on accoste sur la rive de l'autre monde avec des atouts pour tirer des enseignements de sa dernière incarnation. Toute la mémoire est alors réactivée. On se souvient des détails, de la vie fœtale jusqu'à la mort du corps. On en tire des conclusions. Les guides spirituels patientent avant d'intervenir. Parfois, nous refusons de les écouter, ils n'insistent pas. Parfois, nous sommes plus ouverts. Ils peuvent alors nous orienter vers l'incarnation qui nous serait bénéfique. Ce sont des conseillers d'orientation, comme on en trouve dans les lycées. Nos âmes conservent longtemps le statut d'élèves…

Soulager le karma d'autrui

Pour ceux qui restent à l'état vivant, et souhaitent remercier un désincarné pour son amour ou ses bienfaits – ou désirant le voir progresser dans l'au-delà –, les prières sont le plus pur et le plus efficace moyen de l'aider.

On peut abréger la durée du séjour des âmes dans le bas astral, et dans les plans intermédiaires, en leur envoyant des ondes positives. Elles finissent par les percevoir, et leur conscience s'éveille de nouveau à l'humanité supérieure.

Au lieu de regretter de ne pas « en avoir assez fait » pour ceux qui nous ont quittés, mieux vaut intercéder auprès des anges, pour le salut de leur âme.

Si vous priez pour un défunt, vous avez pu remarquer que votre âme entrait en communication avec la sienne.

Le dialogue se rétablit, les griefs s'atténuent. Les larmes ne sont plus une énergie jetée au sable comme la semence de Job ; elles baignent le désincarné avec l'eau pure de l'amour.

La fin du blâme, la rémission

Se dénigrer, se flageller, ne favorise guère le progrès spirituel. Cette énergie dirigée contre soi-même est perdue pour Dieu. S'en vouloir est stérile. Mieux vaut mobiliser son cœur, son intelligence, pour corriger ce qui nous déplaît, et élever notre âme.

C'est ce que nous montrent les extraits de différentes vies de Luc, employé des Postes, vingt-neuf ans.

Depuis cinq ans, il a entrepris une recherche spirituelle en groupe. Cependant, des problèmes cruciaux n'ont pu être résolus : il a souvent peur des autres, est encombré de son corps, ne parvient pas à maîtriser ses pulsions sexuelles, et en veut à certains êtres, sans raison apparente. Ses vies antérieures lui permettront de parfaire sa quête.

« Je suis un hindou, un yogi, en position du lotus. Il y a beaucoup d'or autour de moi... Mon regard est très dur. De l'or, des diamants, des choses que je prends...
La certitude que je me suis tué moi-même, je ne sais pas pourquoi. Maintenant, je me vois démolir des statues de divinité, avec une hache. C'est horrible, flou. Des statues en bois peint, Bouddha. Je me suis révolté contre quelque chose, et réfugié dans la richesse matérielle.
La révolte est très forte... Des gens flottent autour, comme des esprits, en prenant une apparence matérielle... J'ai volé en bafouant, en me servant de la croyance des autres.
Je vois aussi des moines... J'arrache ce qui appartient aux moines. Je suis très méchant. Il y a des croix, des Christs, toutes sortes d'objets. Je rapporte chez moi ces objets dorés. »

(Autre époque) « *J'ai pris goût à profaner ce qui est sacré. Je fais le pitre dans les églises, je déchire le missel d'un enfant. Je jette des cailloux sur l'autel avec un lance-pierres. Je porte une perruque blanche style Louis XIV ou Louis XVI. Cela évoque la Révolution française. Je suis jeune, les traits un peu efféminés. Je prends plaisir à détruire tout ce qui appartient à la religion. Je déchire avec les mains un tableau représentant un cardinal. Je vole l'argent de l'église. J'interromps les offices avec des musiques tonitruantes, des mauvaises farces de ce genre. C'est la peur qui est le noyau. Je suis maudit, j'en veux à Dieu. J'ai connu un cataclysme et péri sous les eaux. Ma révolte est née de cette peur. Je suis fou d'orgueil.* »

(Autre époque) « *Je vois une jeune femme brune, d'une grande beauté, habillée à la façon des princesses égyptiennes. Je suis très proche de cette personne. Elle paraît vouloir me conseiller, mais je continue mon idée, méprisant. Elle souffre beaucoup de ma brutalité. Je veux dominer, arriver à mes fins – par n'importe quels moyens. J'ai une épée, qui me donne un grand pouvoir. Je suis très violent. Cette femme a perdu l'enfant qu'elle porte, suite à un massacre que j'ai organisé. J'ai participé au massacre de ces gens, étrangers ou d'une autre foi. Cette femme a essayé de me persuader que je faisais fausse route. Elle était très sensée, très profonde. Mais ses efforts sont restés vains, j'étais tellement orgueilleux…* »

(Autre époque). « *Je revois cette femme brune… Je suis dans un corps féminin. C'est ma sœur jumelle. Nous avons des rapports physiques. Les gens portent des épées comme à l'époque des mousquetaires. Nous sommes frivoles, appréciant ce genre d'activités…* »

Dimension thérapeutique :

« Je sais que cet attachement a subsisté à travers les siècles. C'est la cause de l'attirance qu'il y a entre nous dans cette vie... C'est Béatrice, la femme que j'aime et que je ne dois pas aimer... Elle connaît mon orgueil, depuis toujours... Notre relation ne peut être positive, à cause de cette sensualité... Aujourd'hui encore, nous nous ressemblons physiquement. Cette vie est le moment d'apprendre à me détacher d'elle. J'ai été en relation avec elle, d'abord comme un homme dominant, puis comme sa sœur. Elle est plus évoluée que moi sur le plan spirituel. Je dois résoudre l'appel de la sensualité qui a provoqué cette souffrance. Son contact sert à me faire évoluer. J'ai énormément de mal à accepter ce fait, que je savais déjà, car j'ai un grand attachement sexuel, qui a ranimé les anciens moments partagés. »

La grâce et le pardon

Il est difficile d'être heureux quand on en veut à autrui. Si quelqu'un vous a fait du mal, pardonnez-lui dans le secret de votre cœur. Impossible ? Essayez. Lui envoyer des ondes négatives entraîne la plupart du temps un retour d'ondes. L'histoire montre que ceux qui détruisent des peuples paient à leur tour. Le massacre des natifs d'Amérique s'est payé par la Guerre de Sécession. Les crimes de la Seconde Guerre mondiale ne sont pas tous expiés...

À l'échelle individuelle, détester quelqu'un, c'est devenir son vassal, lui appartenir. La haine est la plus sournoise des prisons, aux barreaux invisibles. Elle réveille la nuit, gâche les plus beaux instants. Où mène-t-elle ?

Penchons-nous sur les faits divers et les livres d'histoire. Elle conduit son esclave au drame, au meurtre, à la folie. Elle conduit les peuples adorateurs de la violence vers la guerre, que les Chinois appellent « la fête des morts ». Les drapeaux claquent haut, mais sur les cimetières… En transformant votre ressentiment en magnanimité, votre âme ne sera plus amoindrie, et vous la posséderez de nouveau en totalité. Commencez par vous pardonner vos échecs, vos fautes, vos insuffisances. La perfection ne se décrète pas, et est quasiment impossible. En revanche, chaque petit bienfait en suscite d'autres. Le pardon allège votre karma, libère votre potentiel bloqué. Pardonner, c'est laisser le soleil se lever en soi-même. Ôter le voile qui étouffe votre lumière intérieure.

Cet autre extrait du passé de Luc illustre la manière dont se prend cette décision :

« Je vois des Noirs… Ils coupent la tête des animaux, font brûler le corps d'un crocodile. Ils sont très cruels. Ils ont étouffé un grand serpent et lui ont arraché les yeux… C'est en Afrique… En Afrique… Ce serpent… Comme s'il m'expliquait… Il veut se venger sur des personnes qui me sont proches. Je vois ma mère chez elle, mon frère. J'étais un Blanc vivant dans la débauche, je poursuivais les Noirs à coups de fusil, je m'amusais à les abattre… J'en ai gardé une peur des Noirs, une rancune aussi… Il faudrait que j'aie beaucoup de tolérance pour toutes les formes de vie, animale et humaine. Même les arbres peuvent éprouver du mécontentement si on leur fait du mal. Ma rancune a duré cinq siècles, cinq siècles durant lesquels j'ai eu du mal à me réincarner, ou bien dans des vies difficiles… Je leur pardonne ! Je me pardonne ! Du fond du cœur, pardon. »

Quelques mois plus tard, Luc avait assimilé les différents enseignements de son passé, en levant les blocages lui interdisant le progrès spirituel. Il avait cessé d'en vouloir à certaines races, et surtout, sa tolérance lui permit d'évoluer spirituellement. D'avoir découvert l'autre en lui le rendit plus compréhensif, plus proche de l'humain.

La réparation : du karma au dharma

Lorsque vous aurez retrouvé au moins une douzaine d'existences passées, vous verrez plus clairement comment « parle » votre scénario karmique.

Les comptes rendus de séance contenus dans ce livre vous en donnent une idée.

Edgar Cayce cite le cas de Stella, une infirmière ayant réparé son karma en s'occupant d'un débile mental [(1)].

Elle avait été sa mère en Égypte, puis, au Moyen-Orient, prisonnière dans le harem d'un prince pervers, qui acquittait maintenant sa dette karmique dans sa réincarnation de débile. À force de volonté et d'amour – l'amour rappelons-le, est aussi une décision qui appartient à l'homme et à la femme – elle parvint à lui rendre sa dignité et le préparer à une mort paisible.

Le terme dharma pourrait se traduire par « règle de vie ». Découvrez la vôtre, celle que vous souhaitez vraiment suivre. Ceux qui transforment les handicaps et amplifient les atouts reçus en héritage de leur passé sèment leurs joies futures.

---

(1) *Edgar Cayce et la réincarnation*, Noël Langley, Éditions de Montagne.

Le karma dans la vie quotidienne

L'enchaînement des causes et des effets se manifeste dans notre existence de chaque jour. Quelques exemples suffiront pour le démontrer. Vous compléterez votre expérience grâce à vos propres rétro-progressions, et celles de vos amis.

Sur le plan professionnel

Yannick était angoissé devant la perspective de recevoir... une promotion. Il vivait sur les nerfs, car, en son for intérieur, il s'estimait déjà incompétent pour le poste qu'il occupait.

Dans deux vies antérieures, il avait profité d'une position dominante pour abaisser les autres. Il avait été agent de maîtrise dans une usine allemande de la fin du siècle dernier, donnant les travaux les plus salissants aux ouvriers dont la tête lui déplaisait. Trois s'étaient suicidés. Les âmes de plusieurs de ses victimes le poursuivaient à travers le cycle des réincarnations.

Il avait ensuite été petit propriétaire terrien en Italie du Nord, exploitant sans vergogne femme et enfant. Sa conscience karmique avait retenu le fait que s'il progressait socialement, ses penchants néfastes se révéleraient. Il avait raison. Tant de rancœur s'était accumulée sur sa tête que les âmes (provisoirement) perdues guettaient l'occasion de se venger.

Il s'acquitta de sa dette en devenant visiteur hospitalier bénévole, et put accepter la promotion proposée, en respectant ses subordonnés.

Sur le plan des affaires

Nelly hésitait à monter sa société d'informatique : elle avait été voleuse à trois reprises. Au siècle dernier, alors qu'elle dirigeait, en tant qu'homme, une filature du Nord de la France, elle avait organisé une faillite frauduleuse et s'était enfuie en Amérique, abandonnant sa famille. Comprendre ses raisons lui permit, dans sa vie présente, de démarrer son affaire en ayant la certitude d'être honnête.

Sur le plan sentimental

Nous avons vu combien la mémoire des vies passées facilite la compréhension et la collaboration avec son conjoint ou sa conjointe. Les liens que vous pouvez avoir avec lui ou elle ont pu être jadis différents. Quelques questions peuvent vous mettre sur la voie : le traitez-vous en enfant ? En tyran ? En victime ? En frère ? En copain ? Considérez-vous votre femme comme un objet ? Votre mari comme un mal nécessaire ?

Les vies ordinaires

Même ces existences contiennent des enseignements sur la meilleure façon d'aborder la vie quotidienne.

Voici un autre extrait d'une vie de Laurence :
« Je suis dans un groupe de gens... nous portons des lanternes. Les hommes ont des barbes et des cheveux longs. Ils sont en robe. Il y a des femmes parmi nous. Je suis un homme. C'est une région plate, avec du sable. Nous allons de maison en maison et parlons. Certains se chamaillent, surtout les femmes. Quelqu'un, arrivant de loin, apporte des nouvelles.

« On voudrait entendre ce qu'il dit. La situation du pays voisin s'est dégradée, cela a des répercussions sur notre région. Cela se passe à l'époque biblique. Nous sommes occupés par les Romains. L'homme qui parle a aussi de grands cheveux et une barbe noire. Il est en tunique. Il a vu des préparatifs guerriers, des chars…

« J'ai les cheveux châtain, une barbe. Je suis calme, quelqu'un de tranquille, assez sage. Je n'aime pas faire la guerre. Ces nouvelles me rendent triste. Je dois participer. Je suis artisan, je fabrique des tuniques de guerre en cuir. Je ne travaille pas le métal. Ces tuniques sont incrustées de figures en métal, soleil, fleurs… Le cuir est dur. Comme des franges en cuir… Les carquois ou baudriers sont aussi en cuir… Dans mon atelier, je possède des outils, j'ignore à quoi ils servent. L'un est une pince en métal qui imprime des dessins dans le cuir. Il faut faire tiédir le cuir humide pour que ça réussisse bien…

« Ma mère et ma femme s'entendent bien. Ma femme n'est pas venue, elle est enceinte. J'ai déjà deux enfants…

« Je fabrique aussi des selles et des décorations pour les chevaux, avec beaucoup de détails et des couleurs vives. C'est pour une cérémonie, fiançailles, mariage. Une foule amène la femme dans sa nouvelle maison, puis les gens partent en criant, comme s'ils étaient malheureux. Un homme la porte dans la maison, décorée, pleine de cadeaux. Les autres reviennent par une autre entrée, pour la fête…

« Malgré la menace de guerre, nous essayons d'être heureux… Je sais que même si je dois mourir, la vie continuera. »

Laurence fut frappée par la paix de cette maison, cette vie simple.

Vous souvenez-vous des problèmes qui vous empoisonnaient voilà cinq ans ? La prise de conscience répare le karma. Ayant une vue plus nette des problèmes qui l'encombrent, Laurence identifia son désir, ce qui facilita ses choix. « *Si on réfléchit, on se demande pourquoi on a tant de mal à être heureux, alors que nous vivons dans un pays riche, sans guerre, où l'on peut changer de métier, déménager, partir… Le bonheur, ce n'est pas très compliqué* », conclut-elle.

Sur le plan familial

L'histoire de Danièle nous a montré combien le désir ou la crainte d'avoir des enfants, le comportement que l'on adopte avec eux, dépendait en grande partie de notre inconscient karmique. Lorsqu'on découvre que son père a pu être notre femme, notre enfant, notre mère, etc., on constate que nous sommes une même personne (1).

RÉPARATION CONJUGALE

Connaissez-vous des difficultés avec votre conjointe ou conjoint ? Peut-être le/la trouvez-vous indifférent(e), agressif (ve). Il ne vous comprend pas, se montre trop distant ? Elle vous critique souvent, ne soutient pas vos initiatives ? Les scènes succèdent aux scènes, les disputes aux disputes ?

Le meilleur de vous-même, et le meilleur de votre vie, est jeté dans le fleuve du temps qui passe. La situation vous semble désespérée. Elle ne l'est pas.

(1) Voir *La vie est ici*, Éditions Mots d'Homme.

Si vous pouvez encore dialoguer

Entamez, chacun de votre côté, une recherche de vos vies antérieures. L'idéal est de confier les enfants à une voisine, et de vous isoler chacun dans une pièce, le même jour. Un couple a besoin de nourriture spirituelle. Pourquoi ne pas choisir, en fonction de votre religion ou de votre emploi du temps, le vendredi, le samedi ou le dimanche ? Élevez-vous ensemble, devenez plus grands que vos problèmes, ils s'atténueront.

Vous découvrirez que bien des problèmes conjugaux trouvent leur source dans l'inconscient karmique, et vous pourrez plus facilement les régler. Lorsque vous aurez retrouvé une douzaine de vies, parlez-en, échangez vos informations, dans un esprit positif. Laissez l'autre vous dire ce que vos propres vies évoquent en lui, quelle résonance cela déclenche. Trouvez ensemble des interprétations constructives. Et, bien sûr, appliquez la règle d'or : nc critiquez jamais, ne vous servez jamais des souvenirs de l'autre comme armes.

Si le dialogue est rompu

Dans ce cas, le plus ouvert des deux doit commencer sa recherche seul. Lorsque vous aurez trouvé des explications à votre comportement, vous saurez aussi agir envers votre partenaire. Comme on ne prêche vraiment que par l'exemple, s'il voit des changements dans votre comportement, il aura envie d'essayer à son tour. Il peut passer par une phase d'exaspération (ayant moins de prise sur vous), puis une phase de doute, d'incrédulité. Lorsque vous sentirez qu'il est temps de lui proposer cette recherche, n'oubliez pas l'immortalité de votre âme.

Ne laissez pas les griefs ordinaires de la vie commune encombrer votre esprit.

RÉPARATION GRÂCE AUX ENFANTS

Nous connaissons tous l'histoire de cet enfant écrasé par une voiture, ou mort de maladie, ou encore dont la vie, gâchée par ses parents caractériels, n'est qu'un long calvaire. Est-ce une injustice ? Pourquoi une âme s'incarne-t-elle dans un corps qui va tant souffrir ? Il s'agit, le plus souvent, d'âmes très pures, qui ont choisi d'aider une relation karmique à progresser. Ces parents subissent un terrible karma, et, pour abréger leur future souffrance, une âme vient les aider à exprimer leurs pulsions négatives, pour leur permettre de faire le point après leur désincarnation. Sans aller jusqu'à de telles extrémités, les enfants que vous aimez vous aident aussi à régler vos dettes karmiques. Écoutez leur sagesse, laissez-les grandir. C'est parce qu'ils sont différents de vous qu'ils peuvent vous en apprendre… sur vous-même.

EXPÉDITION DANS LE FUTUR

Ce voyage est très difficile. Certains, en le tentant sans y être suffisamment préparés, sont bloqués dans le bas astral, imaginant des catastrophes, un déplacement de l'axe de rotation de la Terre, des raz-de-marée, etc. Toutes leurs peurs karmiques se libèrent, et ils s'approchent de leur propre enfer, sécrétant des fantasmes nés de leurs énergies non maîtrisées. Mes guides spirituels ne m'ont pas autorisé pour l'instant à révéler l'avenir, mais le monde ne sera pas si différent, à la prochaine génération. Inutile d'être devin pour annoncer qu'il y aura des guerres, des violences et des épidémies. Mais l'humanité est en train de prendre conscience qu'elle détruit son arche de Noé. Une génération ne s'écoulera pas avant que la lutte contre la déforestation, la désertification, la pollution chimique, le fanatisme religieux et intellectuel, ne soit victorieusement engagée. Lorsque vous serez assez expérimenté, vous entreprendrez vous-même ce voyage, en compagnie des êtres de lumière qui vous guideront alors. On comprendra que je n'indique aucune technique sur ce point, car le danger de décompensation est important.

Nous sommes les coauteurs de notre vie

Lorsque l'on réalise que nous sommes nettement fondateurs de ce qui nous arrive, un moment de stupeur s'ensuit. Ces occasions manquées, ces regrets, ces jours gâchés, nous y avons donc participé ? L'idée suivante est gênante : aurions-nous pu modifier le cours du destin ? Pour ce qui nous concerne, bien sûr. Le destin n'est pas neutre, les actes que nous commettons, les intentions que nous projetons sur autrui entraînent une réponse de la réalité. Nous avons vu quelle était la part karmique des problèmes liés à la famille et aux proches. Dans un second temps, cette certitude de participer activement à notre vie est source de joie. En prenant conscience de vos possibilités, vous mobiliserez toutes les ressources de votre inconscient en direction de votre but, et les solutions s'éclaireront au fur et à mesure que vous parcourrez le chemin que vous avez choisi. Si la vie pèse trop lourd sur vos épaules, si la mort a arraché ceux que vous aimiez, souvenez-vous qu'existe un lieu où vous est réservée votre part d'amour. Entreprenez vos rétro-progressions dans un esprit d'humilité et de mansuétude. La voie royale de la réparation s'ouvrira devant vous.

Chapitre VI

À la rencontre des Guides

La quête visionnaire

LES rétro-progressions élargissent la perception du temps, amplifient la conscience humaine, aiguisent les sens. Elles vous rendent moins dépendants des objets. Comme le dit le proverbe, « on n'a jamais vu un coffre-fort suivre un corbillard ». Vous ne serez plus prisonnier de votre position sociale, de vos possessions, de vos enfants, parents, relations. Différentes clés, issues de l'intuition supérieure ou du royaume spirituel, s'offrent pour faire connaissance avec les êtres qui partagent l'univers avec nous. Nous allons d'abord étudier les différentes espèces de guides, puis nous examinerons les techniques pour avoir accès à leur savoir.

Guides humains

Ces guides sont, le plus souvent, des moi antérieurs. Nous avons vu qu'il était possible, dans le passé, d'appeler à l'aide le moi présent. Il vous est également possible de réactiver un aspect latent de vous-même, en appelant celle ou celui que vous avez été dans une vie précédente. Ce sera un être riche d'un enseignement particulier. Les courants intérieurs que vous réactivez demeurent ensuite à votre disposition. Citons les deux extrêmes :

Le lama

Il s'agit d'une des images du Soi, qu'on peut appeler aussi le « gourou intérieur ».

J'ai été, au Moyen Âge chinois, une sorte de lama ou de bouddha. Des hommes, bandits en haillons, me portaient sur une sorte de socle.

La première approche de cette vie fut flatteuse... Mais, en y revenant, je découvris que j'étais embaumé vivant. Le souvenir radieux de mes lèvres était celui de ma drogue, non celui du nirvâna. J'étais un prêtre plutôt honnête, un peu grassouillet, que ces hommes, qui me respectaient pourtant, avaient enlevé. Ils m'emmenaient pour me marchander auprès du prince de la contrée voisine.

La troisième fois, je revécus le chagrin, et l'acceptation de cette peine. J'allais être décapité dans les jours qui suivaient. Mais cela allait rétablir la paix entre les deux provinces, que mes enseignements en faveur du détachement perturbaient. Cette vie de lama m'aide bien souvent. Je ne crois pas pouvoir connaître plus grande souffrance que celle d'être embaumé vivant.

Monsieur ou madame Tout-le-Monde

D'innombrables cas me viennent à l'esprit. Je me contenterai d'un seul. Christian, cadre dans une agence de publicité, a été une ménagère heureuse, en Angleterre, au siècle dernier. Il utilise ce moi antérieur pour abaisser son niveau de tension.

Guides spirituels

Ils se présenteront sous l'aspect de guides, qui parfois faciliteront vos rétro-progressions. Par exemple, un guide montra à Alain une vie précédente. Il avait été fonctionnaire du Parti sous Staline. Père de deux enfants, il vivait dans la banlieue de Moscou. Son nom était Boris Velachnikov. Ce n'était pas un homme très courageux, il se contentait de son poste modeste, ne dénonçait personne, ni ne portait secours à personne.

Votre moi supérieur peut être une vision de vous-même à l'échelle de l'éternité, dans sa parfaite réalisation, dans la fusion entre le moi et l'autre, la femme et l'homme, l'homme et Dieu.Votre guide peut se présenter aussi sous l'aspect d'une amazone, d'une pythie, d'un voyant, d'êtres hybrides, homme-arbre, animal-homme, animal-plante, symbolisant l'unicité de la création et votre potentiel de fusion avec le cosmos.

Écoutons ce qu'en dit Hélène :

« Je suis entourée de nuages lumineux, de très longs nuages... Je marche sur l'eau, au milieu des collines, des arbres. C'est bien de marcher sur l'eau. Je suis moi-même, telle qu'aujourd'hui, en robe blanche, longue et fluide. Je me sens légère, très heureuse, je marche et n'avance pas, je ne suis pas pressée, je ne sais pas où je vais, je suis très heureuse (rire joyeux), *la colline recule. Je vois un arbre, m'en approche, mets mon front sur le*

tronc, ce tronc est chaud... Je laisse glisser mes mains, je fais face à l'arbre, il me protège... C'est un homme-arbre, je suis contre un arbre et contre un homme en même temps, j'aime bien cet arbre, si je pars je vais le regretter... Il le faut, mais je reviendrai... Cet homme-arbre sait tout de moi... »

Animaux totémiques et animaux guides

Ils peuvent être très variés : lion, serpent, singe, chouette, corbeau, colombe, tigre, éléphant, cerf...

Lutins et fées

Ces personnages de contes pour enfants ne sont pas nécessairement issus de l'imagerie ancestrale, mais peut-être les survivants de races très anciennes, nées à une époque où la matière ne s'était pas séparée en visible et invisible. Comme le disait Saint-Exupéry : « L'essentiel est invisible pour les yeux, on ne voit bien qu'avec le cœur... »

Ces compagnons de l'humanité vivent dans une réalité voisine de la nôtre, ce qui explique que l'on puisse parfois les apercevoir dans la forêt, près des pierres, des sources, des grottes et des rivières. Ce sont des êtres dont vous pourrez vous faire des alliés. Sur le plan analytique, on peut toujours objecter qu'il s'agit de projections, de fantasmes, de rêve éveillé, d'hallucination. Libre à vous d'estimer qu'ils n'ont pas d'existence, sous prétexte que leur corps ne vibre pas dans notre matière. Cependant, pourquoi ne pas essayer ? Ils vous convaincront peut-être eux-mêmes... De toute façon, si vous pensez qu'il s'agit du fruit de votre imagination, vous constaterez qu'ils vous aident à régler les problèmes, en les extériorisant.

Le mécanisme du dialogue avec Dieu fonctionne psychiquement à l'identique. Est-ce un hasard si l'*Opus Dei*, l'ouvrage théorique de l'Inquisition, affirmait : « La religion est l'opium des peuples, l'esprit d'un monde sans esprit (1) » ? La religion, née pour relier l'homme à Dieu, devient trop souvent une auto-justification, sommant d'assassiner ceux qui se mettent à genoux, ou à plat ventre, ou s'inclinent, ceux qui n'adorent pas Dieu avec les bons gestes... Dieu serait-il maniaque au point de condamner ceux qui ne pratiquent pas un rituel précis ? Je dois avouer que, devant des photos de religieux en armes, je choisis sans hésiter le camp des fées, des guides et des anges, qui nous permettent de trouver notre propre chemin vers la beauté divine intérieure.

LES ANGES

Lors de vos rétro-progressions, il vous arrivera de rencontrer des êtres exceptionnels, qui vous transmettront un enseignement particulier. Ces êtres de lumière sont connus par différentes traditions religieuses sous le terme de guides ou d'anges. Les guides sont nettement plus évolués que nous, les anges sont de véritables joyaux de pureté, de compassion et de sérénité. Ces archétypes sommeillent au profond de l'inconscient individuel, collectif et karmique.

Écoutons ce que nous dit saint Thomas d'Aquin dans *La Béatitude* (1) : « L'homme acquiert-il la béatitude par l'action d'une créature supérieure ?... Il semble que l'homme puisse être rendu heureux par l'action d'une créature supérieure, à

(1) La paternité de cette citation, est fréquemment, à tort, attribuée à Karl Marx.
(1) *Somme théologique*, Le Cerf, traduction de AD Sentillages, 1936.

savoir l'ange... L'ordre des parties de l'univers s'obtient par l'action des créatures supérieures à l'égard des créatures inférieures... et la béatitude consiste dans le juste rapport de l'homme au bien qui est extérieur à l'univers, à savoir Dieu. Donc c'est par l'action d'une créature supérieure, l'ange, que l'homme atteint à sa béatitude... L'homme peut être rendu heureux en acte par l'ange qui est lui-même actuellement heureux... »

De tous les chemins spirituels, aller à la rencontre des anges est certainement le plus délicieux... Ils peuvent vous aider à retrouver vos vies antérieures. Voici quelques chemins qui faciliteront la rencontre.

Avant de vous relaxer, vous commencez par lire une fois ou deux un des textes suivants.

- Puis, lorsque vous atteindrez l'état sophro-liminal, cet état entre la veille et le sommeil, vous visualiserez l'action, en étant le personnage principal. Les images surgiront de votre mémoire karmique. Il faut compter une bonne heure, moitié pour vous relaxer, moitié pour votre expédition spirituelle. La lenteur est gage de réussite.

L'initiation

« Il fait très sombre... Je m'enfonce dans la nuit... Je traverse la nuit... Je me dirige vers le jour, là-bas, au loin... Un danger me guette... Je sais que je vaincrai... Je surmonterai l'épreuve. Dès que je l'aurai surmontée, le jour commencera à se lever, et mon guide m'apparaîtra... Il me posera une question, puis me donnera quelque chose, une solution, un objet significatif, et quand je reviendrai dans ma vie actuelle, je me souviendrai que je peux toujours rester en communication avec mon guide... »

L'épreuve qui vous attend est un rite d'initiation. Vivez-la à fond. Elle vous révélera votre puissance méconnue. Lorsque le guide vous aura délivré son message, ne protestez jamais, n'essayez jamais d'en apprendre plus qu'il ne veut vous en dire pour l'instant. Une sensation de joie peut vous emplir, abandonnez-vous à cette joie. Revenez lentement au présent, laissez le jour vous pénétrer.

La rivière

« Il fait sombre… Je m'approche du bord de la rivière… Il fait nuit… Quelqu'un m'attendra peut-être pour m'accompagner ou me montrer le chemin… Une barque se trouve là. Je monte dans la barque… Je remonte le courant… Je dois traverser un long tunnel… De l'autre côté, je sais qu'il fait jour… De l'autre côté du tunnel, je vais rencontrer quelque chose ou quelqu'un, ou bien découvrir un objet qui m'attend… Il fait jour… Je m'approche… Un message me sera délivré par quelque chose ou quelqu'un, ou sera contenu dans l'objet qui m'attend… Je rebrousse chemin… Je me sens léger, j'éprouve des sensations agréables… Je traverse le tunnel dans l'autre sens… Je repose la barque… Je reprends conscience du présent… »

L'océan

« Je suis sur un bateau agité par de hautes vagues. Le ciel est sombre, traversé d'éclairs… Je suis seul, mais je sais que la terre est proche… Je traverse la tempête… Cela dure longtemps, je sens les vagues qui s'abattent sur moi, le roulis du bateau secoué, je vois les voiles, j'entends craquer la coque… Je survis à la tempête, et

j'aperçois la terre... Quelqu'un m'attend... Il me sourit... Je m'approche de lui... Il me tend la main... Je regarde bien son visage. L'ai-je déjà rencontré ? Est-ce l'âme d'un proche ? D'un guide ? Quand je repars, la mer est calme, je rentre au port le plus proche de chez moi, puis je prends le train et je reviens au présent... »

La montagne

« *Je gravis une montagne. Je me laisse pénétrer par les sensations. Je vois des fleurs, des animaux, j'entends des oiseaux et d'autres bruits... Je vais découvrir, dans la terre ou au fond d'une grotte, un objet que j'ai perdu voilà longtemps...* »

Montez lentement au sommet, cherchez l'objet perdu et, quand vous l'aurez trouvé, rentrez au temps présent. Si vous ne trouvez rien, demandez l'aide de votre ange gardien. Persistez.

La paix

En devenant davantage celle ou celui que vous êtes, vous allez vous débarrasser de la violence, ou la réduire considérablement. La violence est le plus médiocre dénominateur commun de l'humanité, qui fait régresser le plus sage et le plus intelligent au rang du bas astral.

Pourquoi tuer votre ennemi ? Il se tue lui-même. Dans cet exercice spirituel, vous vous rendez dans un endroit hostile, de votre choix ; de préférence, un lieu où vous avez souffert, ou qui évoque un passé pénible. Vous y rencontrez l'âme de votre ennemi. Son ange gardien et le vôtre seront là pour vous protéger et vous observer avec bienveillance.

Il n'y a donc aucun risque de dégénération [1]. Vous affronterez dans l'honneur l'âme de votre ennemi. Il n'y aura ni vainqueur ni vaincu. Votre âme décidera de faire la paix avec son âme. Vous évoquerez tous les avantages que procure la paix, vous liquiderez vos griefs. Puis vous reviendrez au présent.

Le groupe

Si vous avez des difficultés à vous trouver au milieu d'un groupe, vous pouvez vous aider ainsi :

- Commencez par méditer en utilisant un des mantras évoqués dans un chapitre précédent.
- Puis descendez, à l'intérieur de vous, un escalier qui mène aux mystères de l'inconscient.
- Vous parviendrez dans une grande salle au décor merveilleux (stalagmites de diamant, lumière divine, etc.).
- À côté de cette salle, vous percevez les remous de l'inconscient, qui peuvent se présenter sous l'aspect de lave, d'or en fusion, d'eau claire.
- Un groupe se trouve réuni en cercle. Voyez bien leurs vêtements, leur attitude, le but qui les rassemble.
- Avancez vers eux dans un esprit bienveillant et serein. Prenez votre place. Adoptez leur attitude. Ils vous accepteront.
- Puis ils vous donneront une indication positive sur votre comportement, une qualité que vous pouvez développer.
- Remerciez-les puis revenez à la surface de votre conscience.

(1) Ce mot ne se trouve pas dans le Robert. Comme le sens est différent de dégénérescence, je me permets de l'inventer. Le karma de la langue française, trop longtemps cantonné dans un académisme de mauvais aloi, doit être aussi libéré !

- Dans un second temps, lorsque vous serez maître de cette phase, vous pouvez projeter l'image mentale d'un groupe de personnes que vous connaissez, avec lequel vous avez des difficultés.

Avec la pratique, vous découvrirez vos propres chemins pour rencontrer vos guides.

Pour obtenir de l'aide

Si votre guide ne se présente pas, appelez-le. Implorez son aide. Il ne peut vous la refuser. Captez son attention. Demandez, et vous recevrez, a dit Jésus. Cherchez, et vous trouverez. Frappez, et l'on vous ouvrira. Voyez le lieu où il se trouve, gardez à l'esprit que vous allez apprendre de lui, sans chercher à le manipuler, ni à le faire parler de sujets qu'il ne désire pas traiter pour l'instant.

S'il rechigne, prenez un engagement vis-à-vis de vous et de lui, faites une offrande (un don, une modification de comportement, quelque chose qui vous coûte, une promesse que vous tiendrez une fois revenu au présent).

S'il semble ne pas comprendre, répétez votre question. S'il ne répond rien, c'est que vous connaissez déjà la réponse.

S'il vous indique une fausse voie, ne lui reprochez rien. Il désire vous tester, sonder l'authenticité de votre demande. Persistez.

Il peut aussi laisser la place à un moi antérieur, ou un autre guide qu'il estime mieux qualifié.

Abstenez-vous de protester ou de faire des remarques. Dans tous les cas, laissez-vous guider. Il connaît le chemin.

Un proche

Nous l'avons vu, durant un temps variable, l'âme du disparu reste sur un plan proche du plan terrestre. C'est à cette époque qu'il peut devenir un guide. Pas toujours ! Les disparus ne deviennent pas automatiquement bons. Il serait trop long, dans le cadre de cet ouvrage, d'indiquer les moyens précis pour dialoguer avec les désincarnés. Cependant, il me semble indispensable de vous prévenir, si d'aventure vous entriez en relation avec l'un d'eux. Lorsque je me suis retrouvé isolé au purgatoire après ma vie d'idiot du village, personne ne s'est intéressé à moi. Je suis certain que si quelqu'un sur terre m'avait aimé, avait tenté de parler avec moi pour garder éveillée ma parcelle d'intelligence, il aurait abrégé mes souffrances. Les bienfaits ne sont jamais perdus, puisqu'ils provoquent des ondes – comme tous nos actes – qui sécrètent notre réalité. Dans cette quête, il ne faut pas agir à la légère. Le respect est le maître mot. Demandez-leur ce qu'ils deviennent, ce qu'ils désirent. La plupart du temps, ce n'est pas tellement le manque d'entretien de leur tombe qu'ils indiquent, mais des problèmes en suspens. Ou bien, ils se montrent rassurants, consolants. Ils demandent de profiter de la vie, de ne pas continuer à pleurer, car si nous restons dans la souffrance nous la leur communiquons. On peut également communiquer avec des êtres qui n'ont jamais été incarnés [1]. Un magnétophone suffit à enregistrer les voix des disparus. Branchez votre appareil, et parlez normalement. Réécoutez la bande avec un amplificateur. Si vous êtes patient, vous pourrez entendre se matérialiser les voix de défunts. Incroyable ? Des milliers de personnes, de par le monde, y sont parvenues.

(1) Voir *À l'écoute de l'invisible*, de Monique Simonet, Fernand Lahore. *Les morts nous parlent*, de François Brune, Le Félin.

TECHNIQUES D'ÉVEIL

Ces différentes techniques s'adressent aux personnes déjà un peu averties des choses de l'âme. D'ici quelques mois, elles vous seront accessibles.

Le corps antenne

Lorsque vous atteignez le stade de la relaxation profonde, proche de l'auto-hypnose, transformez votre corps en antenne de réception, comme un radar sondant les profondeurs des cieux.

Laissez les vibrations cosmiques se propager dans votre vibration particulière, faites un avec le cosmos. Vous en sortirez gonflé d'une énergie très douce.

Le carrefour des guides

Seules les personnes très avancées peuvent le visualiser, par exemple sous la forme d'un arbre ou d'une plante, d'un rocher ou d'un dolmen.

Lorsque plusieurs guides vous auront offert leur amitié, laissez-les choisir leur place. Vous pourrez organiser de véritables réunions, où chacun vous donnera un aspect du problème à traiter, ou des enseignements de votre dernière incarnation retrouvée. Ils peuvent même vous aider à résoudre vos problèmes.

Il ne s'agit pas là de magie, mais d'une thérapie spirituelle, qui se fonde, bien sûr, sur la prise de conscience, l'extériorisation et le transfert.

La pyramide à souhaits, chacun peut la réaliser

On sait que les proportions de la pyramide – fondées sur l'utilisation du Nombre d'Or, le 16, ou, plus précisément, le 167– permettent d'accumuler des énergies, pour des raisons encore largement méconnues.

Vous pouvez fabriquer vous-même votre propre pyramide, en carton, ou, si vous êtes bricoleur, en contre-plaqué. Découpez quatre triangles dont la base mesure 13,36 cm, et les côtés 16,7 cm. Collez-les soigneusement. Écrivez sur un papier le souhait que vous souhaitez réaliser (je dis bien : « réaliser », et non « voir réaliser »). Décorez-la avec la couleur de votre œuf de lumière. Trouvez l'endroit de la pièce où les ondes sont les plus bénéfiques. Puis méditez. Si vous êtes croyant, priez.

Vous pouvez utiliser cette pyramide pour remonter une vie antérieure déjà explorée. Il suffit d'écrire avant la Séance de relaxation l'incarnation que vous aimeriez retrouver et de glisser ce papier sous la pyramide. Si vous pensez qu'un objet cher peut vous aider, déposez-le sous la pyramide avant de partir (alliance, croix, collier, pendule, etc.).

Le temple à offrandes

Il s'agit d'un petit cyclindre de carton ou de bois, diamètre 11, 7 cm, hauteur 16,7 cm.

Au retour de vos expéditions, vous y glisserez l'offrande que vous avez promise aux guides, ou encore la phrase sur laquelle on vous a demandé de méditer.

Ce peut être également un morceau de fruit que vous laisserez vingt-quatre heures, avant de le jeter dans la nature.

Les célestes mannes

Bien des voies existent pour trouver Dieu, la seule valable est celle qui vous réussit. Les exercices qui suivent n'ont, bien sûr, pas de valeur absolue, mais peuvent constituer des paliers, comme en connaissent les plongeurs et les alpinistes. Avant de décoller, pratiquez un rituel de protection, un peu différent de celui que nous avons étudié.

Rituel

« Je demande la protection au divin, à Dieu, aux forces cosmiques, à mon guide spirituel. Que mon âme soit divine, que je sois Dieu dans la force et l'harmonie, que je sois Dieu dans la joie… »

L'arbre du pardon

C'est un arbre magnifique, dominant un paysage lumineux. Il surgira au détour d'un chemin. Des fruits superbes, d'une infinie variété, y poussent. Chacun symbolise une rancœur endormie. Cueillez ces fruits gorgés de nourriture céleste, et pardonnez à mesure. Si vous parvenez, après plusieurs exercices, à pardonner, les fruits repousseront, et deviendront des cristaux.

Le pain de lumière

C'est le pain du ciel dont parlent les mystiques. Il s'agit d'une lumière divine, qui nourrit votre âme. Rassasiez-vous de ce pain immatériel. Qui y a goûté, même très peu, ne l'oublie jamais. Celui qui s'y attache, comme le rappelait Jésus, ne peut craindre de mourir.

Le fleuve de l'humilité

Il s'agit d'un fleuve de couleur sombre, où flottent vos limites. Vous y verrez se dessiner des scènes de votre passé, qui ne sont pas encore assimilées ; vous verrez surgir des actes oubliés, qui taraudent encore votre inconscient. Laissez-les jaillir à la surface. Pêchez vos erreurs et vos manquements, dialoguez avec eux. Ils vous renverront l'image chatoyante et changeante de votre identité, et vous enseigneront l'humilité qui sécrète la lumière du chemin.

Le bain d'inconscient

Vous descendrez dans les profondeurs de l'océan, y retrouverez le chemin que vous avez jadis parcouru, aux lointaines époques où le vivant sortait de l'eau, mais aussi lorsque vous baigniez dans le liquide amniotique, dans le ventre maternel.

Vous serez un avec votre inconscient, la joie du passé aquatique vous reviendra. Les alluvions de votre mémoire se trouveront purifiées, des courants d'énergie vous traverseront, et vous serez délivré de la prison du moi. Au fond de cet océan de lumière claire, la transcendance puise ses racines.

La source du sommeil

Cet exercice spirituel vous mènera vers la source isolée dans la claire montagne, d'où coule un liquide multicolore, semblable aux multitudes d'auras humaines. Ce sont les porteurs des soupirs de la terre. Baignez-y votre visage, puis votre corps. Vous trouverez le sommeil qui transmute l'obscurité en lumière, et les rêves d'autres mondes habités viendront vous porter les messages de votre propre espoir.

Le sceptre du royaume intérieur

En relaxation, vous descendrez l'escalier qui mène aux mystères chthoniens. Dans une salle, vous vous approcherez d'un cercueil, où gît votre corps. Il dort, paisible, tenant entre ses mains jointes un sceptre, clé de la lumière. Vous direz d'avance au revoir à ce corps provisoire. Il redeviendra, sous d'autres formes, matière vivante. C'est plutôt réjouissant... Aimez-le, puis prenez le sceptre qui vous appartient, et remontez à la surface. Vous commencerez à acquérir le détachement, qui n'est pas l'indifférence. Peu à peu, vous serez moins prisonnier de vos émotions et des circonstances, vous acquerrez une liberté intérieure vous rendant plus fraternel.

La plage à l'aube

Cet exercice très simple consiste à vous souvenir d'une plage où vous étiez allongé. Si vous n'êtes jamais allé à la mer, souvenez-vous de l'herbe, au bord d'une rivière. Relaxez-vous profondément. Il fait d'abord sombre, puis la lumière se lève, pendant que votre corps devient lumineux. Un fil de lumière part de la porte du ciel (la fontanelle) et va rejoindre la lumière du ciel. Cette lumière se matérialise sous l'aspect d'une forme humaine, qui s'approche de vous. Vous allez lui parler, danser peut-être. Cette forme peut être un guide, ou l'image d'un guide, qui se précisera au fur et à mesure de votre quête spirituelle.

Les couleurs de l'arc-en-ciel

Escaladez lentement les couleurs de l'arc-en-ciel, surplombez le paysage. Ou voyez ces couleurs sur votre corps, car votre corps peut s'utiliser comme un cristal, qui forme un prisme pour déstructurer la lumière.

Voyage astral dans le passé

Le voyage astral commence par la relaxation ou la méditation. Attendez de maîtriser parfaitement les techniques de l'œuf de couleur, de l'aller et retour, le rituel de protection, et d'avoir acquis l'amitié d'un guide ou d'un moi antérieur.

Progressivement, après avoir mis en route ces méthodes, vous allez sentir votre corps qui se dédouble.

- Le corps éthérique va devenir visible, et s'élever au-dessus de votre corps physique.
- Il a la possibilité de se déplacer où il le désire, dans le temps actuel, ou sur d'autres plans du temps, ou encore dans l'espace.

Agissez avec prudence.

- Au début, contentez-vous de vous détacher de vingt à trente centimètres, puis réintégrez votre corps.
- Passez ensuite à un mètre. Une corde d'argent relie votre corps physique à votre corps éthérique. Vous êtes confiant, détendu, serein. C'est une expérience formidable, vous vous sentez bien, en accord avec vous-même.
- Lorsque vous atteindrez le plafond, amusez-vous. Comme l'enfant apprenant à nager, comme l'oisillon apprenant à voler, prenez plaisir à vous déplacer dans la pièce, sans en sortir.
- Déplacez-vous vers la fenêtre, vers la porte, posez-vous sur un meuble, remontez, redescendez.
- Habituez-vous à réintégrer votre corps physique. Sinon vous risquez de demeurer quelques jours « décalé », un peu flottant.

- Si cela se produit, ne vous inquiétez pas, le sommeil, la méditation, des moments de paix faciliteront la réunion de vos deux corps.
- Si quelque chose déclenche une crainte (choc, bruit, visite inattendue), revenez au-dessus de votre corps, puis laissez-vous descendre lentement.
- Après avoir pratiqué cet entraînement une demi-douzaine de fois, vous pourrez visiter les autres pièces de votre appartement ou maison.
- Lorsque vous serez capable de revenir très vite dans votre corps, mais paisiblement, vous pourrez vous aventurer à l'extérieur. Vous découvrirez ce qui se passe aux alentours.
- Exercez-vous à rendre visite à un(e) ami(e), à heure fixe, et décrivez-lui ses vêtements, son activité à ce moment-là. C'est un travail assez long, mais très gratifiant.
- Vous serez prêt ensuite pour partir. Partez dans le présent, apprenez à monter et descendre. Vous allez survoler les paysages de la terre, découvrir votre pays et les pays étrangers.
- Pour découvrir le passé, décidez d'aller explorer une vie antérieure.
- Puis traversez le tunnel (dont nous avons déjà parlé) en astral, et incarnez votre corps éthérique dans un de vos anciens corps physiques.

Évitez le futur avant d'avoir acquis une parfaite maîtrise du déplacement astral.

Variante : l'extension Raquin

Dans le royaume chamanique, je l'ai nommée ainsi. Mais vous pouvez aussi lui donner votre nom. Cet exercice vous prendra deux heures. Il vous procurera des sensations que vous n'avez sans doute jamais connues, et vous permettra d'aller explorer des vies passées d'une manière sûre et agréable.

Vous vous allongez au milieu d'une pièce :

- La tête sur un oreiller. Vous êtes nu, ou en sous-vêtements. Vous vous massez légèrement le ventre, les coudes, le troisième œil et la fontanelle, pendant trois à cinq minutes. Vous cessez et respirez paisiblement.
- **Vous visualisez les contours de votre corps.** Vous devez parvenir à voir vos cheveux, vos oreilles, votre cou, vos épaules, vos bras, votre bassin, vos jambes et vos pieds. Prenez tout le temps nécessaire.
- **Lorsque c'est le cas, vous visualisez les contours de votre corps, dix centimètres plus loin** (comme si vous aviez grandi dans tous les sens de dix centimètres, comme si votre corps était devenu plus volumineux de la tête au pied et en largeur). Il faut parvenir à visualiser vos cheveux, vos oreilles, votre cou, vos épaules, vos bras, votre bassin, vos jambes et vos pieds, à dix centimètres de la position initiale. Prenez tout le temps nécessaire. Lorsque vous y parvenez parfaitement, vous vous visualisez dans votre position initiale.
- **Lorsque c'est le cas, vous visualisez les contours de votre corps, à dix centimètres de distance.** Voyez la forme et la couleur de vos cheveux, de vos oreilles, de votre cou, de vos épaules, de vos bras, de votre bassin, de vos jambes et de vos pieds. Lorsque vous y parvenez parfaitement, vous vous visualisez dans votre position initiale.

- **Vous recommencez ceci trois à cinq fois**. Il est indispensable que vous visualisiez tour à tour dans votre position initiale, puis plus volumineux, les contours de vos corps se situant à dix centimètres de la position initiale.
- **Lorsque vous êtes arrivé à dix centimètres**, sans revenir à la position initiale, vous vous visualisez à trente centimètres.
- Puis vous revenez à la position initiale.
- **Vous vous visualisez à trente centimètres**. Puis vous revenez à la position initiale.
- **Faites ceci au moins trois fois. Position initiale, trente centimètres de distance, position initiale**, etc. Il est indispensable que vous visualisiez parfaitement à trente centimètres, vos cheveux, vos oreilles, votre cou, vos épaules, vos bras, votre bassin, vos jambes et vos pieds. Pensez bien aux détails de votre corps.
- **Lorsque vous maîtrisez parfaitement ce stade, sans revenir à la position initiale, vous vous visualisez à soixante centimètres de distance**. Voyez précisément la forme et la couleur de vos cheveux, de vos oreilles, de votre cou, de vos épaules, de vos bras, de votre bassin, de vos jambes et de vos pieds. Revenez à la position initiale.
- **Recommencez. Soixante centimètres**. Position initiale. Soixante centimètres. Etc.
- **Lorsque vous maîtrisez parfaitement ce stade, sans revenir à la position initiale, vous vous visualisez à un mètre de distance**. Une fois encore, visualisez la forme et la couleur de vos cheveux, oreilles, cou, épaules, bras, bassin, jambes et pieds.

Vous faites ceci une, deux, trois fois ou davantage, jusqu'à ce que vous le maîtrisiez parfaitement.

Maintenant, vous allez visualiser quelque chose que vous connaissez parfaitement :

La rue où vous habitez.

- **Vous êtes au bout de la rue, immobile.** Vous regardez votre rue. Les maisons, les trottoirs, les boutiques, les grilles, ou les jardins.
- Vous **voyez votre rue de jour. Puis vous voyez votre rue de nuit.** Vous la visualisez plusieurs fois de jour et de nuit en alternance, soleil et lampadaires, pluies et lampadaires, phares, brouillard, circulation : vous en connaissez les moindres détails. Sentez les odeurs, entendez les bruits, voyez les couleurs.
- **Vous êtes maintenant devant votre porte, ou devant votre porche.** Vous visualisez parfaitement votre entrée. Couleur, miroirs, fenêtre, sonnette, détails de peinture, marques sur le bois. Vous voyez parfaitement votre entrée. Vous en connaissez les moindres détails.
- **Maintenant, vous êtes sur le toit de votre immeuble ou de votre maison.** Vous voyez parfaitement ce qui se trouve alentour : les maisons, les immeubles, les jardins, les cheminées, les arbres, les fenêtres, les rues. Votre corps est flottant, étendu. Vous en ressentez l'immensité.
- **Maintenant, vous êtes comme un oiseau aux contours flous.** Vous vous trouvez à cinq cents mètres de hauteur. C'est une sensation formidable.
  Vous décrivez les rues, les voitures, les immeubles, la circulation. Vous voyez si d'autres oiseaux se trouvent là. Vous voyez ce que font vos voisins.
  Les feux rouges, la rivière, les avenues, les champs. Vous en connaissez les moindres détails.

- **Maintenant, vous êtes emporté par un courant ascendant**. Vous vous abandonnez, libre et serein. Vous montez dans le ciel. Il fait jour. Vous planez. C'est une sensation extraordinaire. Votre corps est immense, flottant, large et vaste. Vous planez en montant.
- **Vous montez vers le soleil**. Cela vous procure une sensation encore plus agréable, de chaleur, de détente, d'une joie profonde. La lumière devient aveuglante. La lumière est très claire, très claire. Aveuglante. Agréable. Vous baignez dans la lumière. Vous flottez, vous planez dans la lumière. Le paysage s'efface. La lumière est surexposée, extrêmement vive. Vous vous imprégnez quelques minutes ; au sens propre, vous volez dans la plénitude.
- **Le temps est venu de vous poser**. Vous allez atterrir dans le passé. Vous allez vous trouver dans un endroit où vous avez vécu jadis, dans une vie antérieure. Vous allez sentir les odeurs, la température, entendre le bruit, voir des rues ou des paysages. Vous allez redevenir cet homme ou cette femme que vous étiez jadis.

Vous vous posez en douceur. Vous êtes cet homme ou cette femme, et vous reviviez votre ancienne vie.

Le don thérapeutique

Vous avez constaté que vous pouviez guérir les traumatismes acquis dans le passé, en les identifiant, en les affrontant, en les intégrant. Lorsque vous aurez guéri la plupart des vôtres, et que vous serez en paix avec vous-même, vous pourrez aider les autres à guérir les leurs, en les aidant à clarifier leurs atouts. Chaque fois que quelqu'un évoquera ses problèmes, essayez de découvrir la chance qui s'y cache. N'oubliez pas : tout handicap est une chance qui s'ignore, tout handicap est une chance que j'ignore.

Le don de guérison

Certains problèmes physiques trouvent leur source dans le passé. On peut ainsi améliorer des problèmes de poids, d'anorexie, et des phobies. Aidez les autres à faire de même. Après une vingtaine de séances, vous commencerez à connaître différents aspects de vos incarnations. Si un(e) de vos ami(e)s se trouve aux prises avec des obsessions, proposez-lui de retrouver ses vies antérieures. Si vous estimez n'être pas apte à la neutralité et la bienveillance, abstenez-vous.

RETOUR AU PRÉSENT

Ne jamais oublier, après avoir demandé une indication, une information, un enseignement, un cadeau, de revenir lentement au présent. Prenez conscience de l'endroit où vous vous trouvez, après vous avoir fait la promesse de ne pas oublier vos engagements, et de vous attacher à appliquer ce que vous avez appris.

Les résolutions que l'on prend vis-à-vis de soi-même sont les plus efficaces... Réformer les autres est une tâche ingrate, impossible, qui entraîne frustrations, colère, tyrannie. Se réformer soi-même est exaltant... Votre trésor intérieur s'accroît lorsque vous l'utilisez.

CHAPITRE VII

Les sept Épreuves et Les sept Grâces

LORS de vos rétro-progressions, vous rencontrerez beaucoup de joies, et surmonterez quelques épreuves, qui, d'une façon ou d'une autre, enrichiront votre vie.

VOICI QUELQUES-UNS DES PROBLÈMES AUXQUELS VOUS FEREZ FACE, ET CE QU'ILS VOUS APPRENDRONT :

Accoutumance

- Votre enthousiasme peut vous conduire à rétro-progresser chaque jour, à ne jurer que par vos vies antérieures ! Ce « zèle des néophites » est bien connu. Ne négligez pas l'importance du présent. Votre apprentissage vous sera utile, pour l'essentiel, aujourd'hui.

Décompensation

- C'est probablement le risque le plus important, au début. Déçu par le quotidien, vous acceptez l'idée de perdre pied, vous envisagez de rompre avec la réalité. En vous réfugiant dans une vie antérieure, vous n'apprendrez rien. Prenez l'habitude d'explorer votre passé une fois par semaine, durant des mois. Tirez-en des leçons qui modifieront peu à peu votre comportement. Votre âme s'est incarnée en vous, pour un progrès important. Cherchez quel est ce progrès attendu.

Dépendance, fascination, fixation

- Si vous pratiquez avec un(e) ami(e), il se peut que vous deveniez dépendant, non pour ce qu'il est, mais pour ce qu'il réveille en vous, les sensations que vous revivez. C'est pourquoi il est indispensable d'alterner. Conduisez à tour de rôle la séance. Dans l'éternité, les âmes sont toutes égales.

Déprime :

- Après avoir revécu des vies riches et captivantes, votre vie actuelle peut vous sembler terne, difficile ou injuste. Souvenez-vous que le temps embellit les souvenirs. Il semble plus valorisant d'avoir été chasseur en Afrique voilà dix mille ans, que de faire ses courses à l'hypermarché, et plus romantique d'avoir porté une robe à panier qu'une minijupe. Si, dans deux ou trois siècles, vous revivez votre vie actuelle, elle vous paraîtra aussi très romantique. La déprime provient du fait que vous n'utilisez pas votre potentiel karmique. Au besoin, tenez un journal. Écrivez les points principaux de vos vies antérieures, en vous demandant inlassablement ce qu'elles vous ont appris. Passez à l'action.

Déteignage (1)

- Une vie ancienne peut déteindre sur votre vie présente. Revivez à fond cette vie antérieure, et au moins dix autres, pour relativiser le problème, et le resituer dans votre chemin karmique. Quelle que soit la densité des événements passés, ils ne sont qu'un aspect de vous, et non votre totalité.

Fuite

- Travaillez sur la relaxation, l'extension, la bulle de couleur, l'aller et retour. À froid, seul, visualisez et exprimez à voix haute les moyens de faire face aux situations douloureuses.

Liens karmiques

- Avoir été l'amant de votre collègue dans une vie passée, n'implique pas que vous deviez quitter femme et enfants pour vivre avec elle. Avant de remettre en question votre situation, il est nécessaire de retrouver de nombreuses incarnations, et de revivre à fond celles où elle et vous étiez liés. Ce karma est peut-être achevé. En revanche, hésitez longtemps, et longtemps encore, avant de rendre autrui malheureux ; en ce cas le karma, vous l'avez compris, se reconstitue.

Peur

- Nous avons vu comment résoudre ce problème. Habituez-vous progressivement. Apprenez l'aller et retour. Les paniques antérieures ne peuvent vous atteindre, mais au contraire renforcent votre confiance en vous.

(1) Action de déteindre. La langue française appartenant à tous les francophones, libre à chacun d'inventer les mots manquants.

Prétention

- Vous avez été un grand roi, un grand prêtre, une grande prêtresse, un personnage très important ? Fort bien. Mais si vous êtes revenu, c'est que vous avez choisi d'évoluer, n'est-ce pas ? Gardez actif le roi, la prêtresse qui se trouve en vous. Adoptez un comportement royal ou spirituel. On reconnaît le roi ou le maître spirituel à sa courtoisie, à l'intérêt qu'il porte aux autres.

Négation

- Si vous redoutez que vos certitudes religieuses n'explosent, niez l'idée de réincarnation. Gardez le doute, quoi qu'il advienne, pour conserver votre liberté.

  Le doute et la recherche nourrissent mieux l'âme que la foi aveugle. Croire est sécurisant. Mais croire en doutant de temps à autre, ou en partie, vous protège du fanatisme et de l'obsession.

Relations conjugales

- Des problèmes peuvent apparaître si votre partenaire est irrité, scandalisé, ou se moque de vos recherches. Ne cherchez pas à le convaincre. « Homme convaincu malgré lui garde toujours le même avis. » Votre conjoint ne trouve sans doute pas suffisamment de satisfactions rapportées de votre quête.

  Vos rétro-projections ne doivent pas être une punition dans vos querelles conjugales, du genre : « Tu n'es pas assez évolué pour comprendre. »

  Qui veut être converti avec un pistolet sur la tempe ? Si votre partenaire est rassuré(e), si vous le rendez plus heureux(se), si vous devenez plus tolérant(e) et plus détendu(e), il(elle) cessera de vous harceler.

Relations avec autrui

- Idem. L'évocation des vies antérieures peut choquer. Évitez la polémique et la provocation. Si vos amis y sont hostiles, ne leur infligez pas vos découvertes. Personne n'a entièrement raison. Jamais, jamais.

Scénario karmique

- Dans vos vies antérieures, vous semblez avoir toujours le même comportement. Probablement n'avez-vous pas retrouvé un nombre suffisant de vies. Il se peut que vous ayez choisi plusieurs fois le même genre d'expériences, pour approfondir un point précis.
  L'enseignement karmique est complet, puisqu'il touche la totalité des situations humaines. Cet enseignement est libre et volontaire. Retrouvez d'autres périodes, vous constaterez que votre âme n'a pas répété indéfiniment les mêmes apprentissages.

Sectarisme :

- Personne ne peut s'approprier la vie spirituelle, ni Dieu. Ceux qui s'y essaient sont des cuistres tyranniques, terrifiés à l'idée d'oser douter, et qui cherchent à imposer leurs vues.
  Retrouver vos vies antérieures ne vous rend pas automatiquement meilleur, ni élu, ni initié. Elles ne sont utiles que si elles vous permettent de vous changer, vous. Plus on en sait, plus on sait qu'on ne sait rien…

Souvenirs d'autrui

- Si vous pensez avoir capté une vie antérieure qui n'était pas la vôtre, retrouvez avec précision, en plusieurs séances, ce que vous-même étiez à cette époque.

Les sept épreuves des rétro-progressions

Tout au long de ces pages, vous avez eu un aperçu de ce que vous pouviez revivre, et divers moyens d'y faire face et d'en tirer profit. Rappel de ces épreuves.

Avoir été un être amoral

- Nous avons étudié quelques vies de Luc. Vous trouverez des incarnations vous concernant.

Avoir perdu l'amour par sa propre faute

- Ce cas est si fréquent que vous le rencontrerez probablement lors de vos rétro-progressions. Ne récidivez pas...

Avoir été un exclu

- Nous avons examiné ma vie d'idiot du village.

Avoir sacrifié les siens

- Ce cas est plus rare, mais se produit. Lors d'un incendie sur un bateau, en Russie au XVIIIe siècle, Michel sauta dans l'eau, abandonnant femme et enfants...

Avoir trahi ce à quoi on donnait sa vie

- Lors des invasions musulmanes, j'étais un moine catholique, dans le sud de la France. Pas très saint, mais assez paisible. J'avais alors cinquante ans. Ma jeunesse avait été assez perturbée. À trente ans, je prononçai mes vœux, et trouvai une forme de bonheur. Un jour, je me promenais quand arrivèrent des cavaliers arabes. L'un d'entre eux s'approcha. Il tenait à la main une sorte de sabre. Il me demanda, en latin approximatif, d'abjurer ma foi. Je le fis. Aussitôt, il me trancha la tête.

Une fois mort, je me trouvai face à Jésus, si lumineux que j'avais l'impression de n'être qu'une grande plaie. Je sentis son immense amour, sa miséricorde. Il m'avait déjà pardonné. Il ne dit rien. Je choisis moi-même ma vie suivante : je décidai de me réincarner en cheminot. Je sentis sa souffrance. Visiblement, il m'estimait trop sévère. Mais il n'intervint pas.

On peut se demander pourquoi l'Arabe m'a tué. Je compris par la suite qu'il ne pouvait croire que j'abjurais ma foi. Je suis persuadé que si j'avais répondu : « Il n'y a pas d'autre Dieu que Dieu », il m'aurait laissé la vie sauve. Je n'aurais pas menti, puisque Jésus, c'est Dieu.

D'autre part, c'est peut-être parce que j'étais chrétien que j'ai rencontré Jésus. Si j'avais été musulman ou hindou, je l'aurais vu de la même façon, mais l'aurais appelé d'un autre nom. Il était incontestablement le Seigneur. Et très humain.

Avoir connu le crime et la souffrance

- Nous en avons étudié plusieurs cas.

Éprouver une douleur séculaire

- Vous avez appris à régler les souffrances qui se perpétuent et s'alimentent de vie en vie.

Les sept grâces des retro-progressions

Nous avons vu comment ramener les bienfaits dans cette vie… Dans le passé, le bonheur existait déjà, vous l'avez connu dans telle ou telle vie.

Avoir sauvé un innocent

- C'est arrivé à Monique. Elle a caché un protestant lors des massacres de la Saint-Barthélémy.

Avoir accordé l'aide demandée

- Retrouver un comportement positif valorisera vos qualités actuelles.

Avoir vécu une vie ordinaire très heureuse

- Marc, depuis l'enfance, est fasciné par la Grèce. Les paysages lui étaient familiers. Maintenant qu'il est adulte, il écoute des musiques grecques, s'y rend en vacances. Jadis, il a mené une vie de paysan, dans la montagne. Il ne possédait qu'un petit terrain caillouteux et un âne, et vivait heureux.

Avoir connu le jardin des délices

- Nous n'avons pu évoquer ici les innombrables vies heureuses. Elles sont beaucoup plus faciles à assimiler, et mieux valait vous apprendre à faire face aux éventuelles difficultés. Hélène a été femme d'un cow-boy à la fin du siècle aux États-Unis ; elle y mena une existence heureuse, entre la prairie, les chevaux, un mari qu'elle aimait, et qui l'aimait. Bertrand a été princesse en Autriche, aux alentours du XVe siècle.

Avoir été quelqu'un que le moi d'aujourd'hui admire

- Christine a été guerrier au Moyen-Orient, lors de l'empire romain. « Il » aimait l'odeur des chevaux, la bataille, le sang, la camaraderie virile. Après une vie de violence, l'âge lui apporta une sorte de sérénité. Il se demanda ce qui l'avait si longtemps poussé à aimer la guerre. Il songeait à se retirer, mais fut tué sur le champ de bataille. Christine comprit celui qu'elle était, à cette époque lointaine. Elle admira sa force, son courage, et la philosophie qui lui vint sur le tard. Juger les hommes des époques précédentes, en fonction des critères de la nôtre, est absurde.

Avoir déjà touché l'immortalité

- Gérard, lors de sa dernière vie, était résistant. Capturé et torturé, il est mort dans une sérénité incroyable.

Parvenir à communiquer avec un de ceux qu'on a été

- Laurence est revenue dans la région de Babylone : « *Il y a beaucoup d'hommes dans ce palais. Ils portent des robes, ont les cheveux noirs, frisés, et des barbes. Leurs traits sont fins. Dehors se trouvent des jardins, des dépendances. On se déplace en litière ou à cheval. J'ai beaucoup de sœurs, elles ont toutes des cheveux noirs.*
  « *Une vieille femme me tend un grand miroir rond, je ne sais en quelle matière. Je me trouve dans un endroit où les femmes vont se faire belles, comme un centre de beauté, avec une fontaine, des bains, des tables de massage. Des femmes s'occupent des soins des cheveux.*
  « *Je rentre dans ma chambre. Elle n'est pas très grande. Le lit est bas. Il y a des sortes de coussins, un petit tabouret, des coffres pour quelques robes, mais les servantes vont chercher les vêtements dans une autre pièce.*

« On habite la plupart du temps dans une autre maison, en dehors de la ville, avec un parc. Il y a des étages avec des balcons sur des colonnes. On se promène sur le lac en petites barques. On pêche avec des boulettes, parfumées drôlement. Il fait toujours beau... On vit au palais seulement de temps en temps, en famille. Les employés y ont des appartements.

« Dans cette maison se trouve une grosse femme que j'aime beaucoup, elle m'attend quand j'arrive. Je cours dans ses bras, même quand je suis grande. C'est ma nourrice, ma mère est morte quand j'étais petite.

« Enfant, je joue avec des poudres de couleur, on les met sur le sable, on fait des cases, on se court après, on cherche à s'attraper. Parfois on se tire les cheveux. Ma nourrice nous surveille. Quand elle veut qu'on fasse quelque chose, elle nous interdit de le faire, pour être sûre que nous le ferons. Elle n'a pas d'autorité. Nous l'adorons. Quand nous sommes malades, elle nous garde là. Le médecin est un grand homme maigre, toujours habillé en foncé. Ma nourrice s'appelle Amounia, diminutif d'un nom beaucoup plus long. Tous les noms sont très longs !

« On danse et chante avec mes sœurs. On joue avec des petits tambourins. Dans le palais, un homme dresse les oiseaux, les apprivoise, les fait chanter. Il sait imiter le chant de tous les oiseaux. On aime aller le regarder. Il y a des petites cages et de grandes volières. Les nobles offrent ces oiseaux apprivoisés, qui chantent bien. Dans toutes les grandes maisons, quelqu'un s'occupe des oiseaux. L'oiseleur montre comment les faire chanter. Les gens font des commentaires.

« J'ai aussi des frères, qui s'occupent des chevaux. Ils pratiquent les sports de combat depuis l'enfance, on ne les voit pas si souvent. Je m'appelle Azora, c'est mon petit nom. Mon père est appelé Azour. »

Je demandai à Laurence quel était le message d'Azora. *« Elle ne parle pas, elle me montre les alentours de la maison, comme c'est beau, agréable, ces bassins où évoluent ces poissons, ces arbres. Elle me montre qu'on peut faire ce qu'on veut de sa vie. Cette vie était meilleure que celle d'aujourd'hui. Mais d'avoir connu le bonheur, je sais que je peux le retrouver... »*

On remarque que dans plusieurs rétro-progressions, et d'autres qui n'ont trouvé place dans les limites de cet ouvrage, Laurence apprenait à être heureuse. Elle parvint à établir des liens entre ses différents moi antérieurs et celui d'aujourd'hui.

Une plongée dans le passé est une session de perfectionnement. Apprendre, tel est le but.

Comme le dit un vieux texte hindou : *« Quand ici, sur terre, tous les nœuds du cœur sont déliés, alors le mortel devient immortel. »*

Si, d'un tas de cailloux reçu en héritage,
vous avez fait une maison...

Si, de la misère et de la solitude,
vous avez extrait la liberté et la grandeur...

Si, d'un destin hostile,
vous avez fait une source d'énergie...

Si, de vos traumatismes et de vos névroses,
vous avez fait un engrais pour fertiliser votre conscience...

Il vous sera donné de choisir
votre prochaine vie.

Pourquoi pas ?

LE Seigneur m'a créée comme prémisses de ses œuvres, dès l'origine, avant les débuts de la terre. J'ai été formée dès l'éternité… C'est avant que fussent assises les montagnes, avant les collines, que je suis née… Quand il disposa les cieux j'étais là… Quand il imposa des limites à la mer… Lorsqu'il posa les fondements de la terre, j'étais auprès de lui comme un nourrisson, jouant sans cesse devant lui, jouant sur le globe de sa terre. Proverbe, 8

La nuit était terrible. Rien ne la peuplait, rien ne la remplissait. Nul souffle n'animait la surface du vide. Le néant était incommensurable. Nul ne percevait ces ombres gigantesques que n'atténuait aucune lumière. Ombres ? Pas même, car le monde n'était alors qu'obscurité. L'insensibilité régnait sur le cosmos. Dieu s'ennuyait peut-être. Il flottait, partout et toujours, dans cet espace vide. Il décida de créer le monde. Avec sa démesure caractéristique, il alluma le big bang, formidable explosion qui propulsa la matière aux confins de l'infini. Une multitude de mondes torrides surgirent de sa substance, qu'il chargea d'âmes. Depuis, les âmes cherchent le chemin du retour. Elles ont gardé la nostalgie de l'amour divin. Nous sommes, vous et moi, habités par la moelle du Seigneur. Que l'on se taise, et, dans le secret de son cœur, il se fait entendre. Le chuchotement de la conscience indique la direction de la maison du Père. C'est ainsi que chacun naquit, voilà quelques millions d'années. D'abord lave en fusion, brouillard pestilentiel. L'âme était en gestation. Elle se formait, tentait d'accéder à la lumière, à travers les nappes empoisonnées qui bouillonnaient dans l'univers.